Arne Hoffmann

Keuschhaltung & Orgasmus-kontrolle

Erotik-Ratgeber

LEBE.JETZT HARDCOVER
BAND 520
1. AUFLAGE: SEPTEMBER 2020
2. AUFLAGE: OKTOBER 2025

VOLLSTÄNDIGE BUCHAUSGABE
ORIGINALAUSGABE

LEBE.JETZT IST EINE MARKE VON

LEKTORAT:
MARIE GERLICH

UMSCHLAGGESTALTUNG: WWW.HEUBACH-MEDIA.DE
GESETZT IN DER TRAJAN PRO,
ADOBE GARAMOND PRO & CORPORATE S

PRINTED IN GERMANY
ISBN 978-3-96641-516-3

WWW.BLUE-PANTHER-BOOKS.DE
HERSTELLER: BLUE PANTHER BOOKS OHG
OSTERFELDSTRASSE 12-14 | 22529 HAMBURG | DEUTSCHLAND
E-MAIL: INFO@BLUE-PANTHER-BOOKS.DE

Inhalt

Vorwort

Stell dir vor, dein Partner darf nur noch einen Orgasmus haben, wenn du es ihm erlaubst. Sogar bevor er sich befriedigt, muss er dich jedes Mal erst um Erlaubnis fragen. Stell dir dann vor, wegen dieser neuen Spielregeln gehst du ihm nicht mehr aus dem Kopf und ein Großteil seines Denkens dreht sich nur noch darum, dich in sexueller Hinsicht glücklich zu machen. Du hingegen entwickelst immer neue Ideen, um die Grenzen deines Partners auszutesten, wenn es um Lust und Begehren geht.

Willkommen in der Welt von Keuschhaltung und Orgasmuskontrolle: eine der prickelndsten und emotional tiefgehendsten sexuellen Varianten überhaupt.

Dabei klingt sie im ersten Moment ganz und gar nicht danach: Wer würde schon jemals auf die Idee kommen, dass Sex besonders berauschend wird, wenn ein Partner dem anderen den Höhepunkt verbietet? Wenn dir dein eigener Partner den Vorschlag macht, es mal mit Keuschhaltung zu probieren, könntest du sogar glauben, dass er das Interesse an Sex verloren hat. Tatsächlich aber ist das Gegenteil der Fall: Diese Praktik öffnet den Weg zu wesentlich durchdringenderen Gefühlen als bisher. Ich halte sie deshalb für die eindringlichste Form von Erotik, die es überhaupt gibt.

Auf den Seiten dieses Ratgebers wirst du alles lernen, was man darüber wissen sollte. Du wirst erfahren, welche einfallsreichen Spiele die Liebhaber dieser Praktik entwickelt haben: Spiele, die euch beide in Ekstase bringen können. Du wirst sehen, mit welchen ausgeklügelten psychologischen Finessen ein Paar die erotische Spannung in seiner Beziehung dauerhaft auf einem hohen Level halten kann. Und nicht zuletzt wird dir dieser Ratgeber zeigen, wie du dich selbst in diesem Bereich von null auf hundert entwickeln kannst – von harmlosen Praktiken für Anfänger zum Hineinschnuppern bis zu drastischen Arrangements für Fortgeschrittene. Du erhältst sozusagen eine kleine Speisekarte an Möglichkeiten zu deiner Verfügung, aus der du nach Belieben auswählen kannst, welche davon dir und deinem Partner am meisten Spaß machen könnten. Dabei erfährst du alles über die Vor- und Nachteile der einzelnen Praktiken und wie du dich am sinnvollsten verhältst, damit alles zu einem wirklich geilen Abenteuer wird.

Vermutlich wirst du feststellen, dass es schon Spaß macht, über die verschiedenen Spielarten in diesem

Bereich auch nur zu lesen. Eine solch genussvolle Lektüre wünsche ich dir. Auf dass es dir und deinem Partner gelingt, durch Orgasmuskontrolle in besonders verzückende Sphären erotischen Erlebens zu gelangen!

Welche Formen von Keuschhaltung und Orgasmuskontrolle gibt es?

Fangen wir mit einem kleinen Überblick darüber an, welche Spielarten es in diesem Bereich überhaupt gibt – Spielarten, die ich dir in diesem Ratgeber alle näher vorstellen werde. Das wären die folgenden:

Teasing and Denial kannst du jederzeit für den kurzfristigen Spaß in dein erotisches Repertoire aufnehmen, so wie das viele Paare tun. Es gibt keinen Grund, dafür dein Sexualleben komplett umzugestalten.

Anders sieht es bei der **Keuschhaltung** aus, die per Definition einen längeren Zeitraum umfasst: je intensiver du sie erleben möchtest, umso länger. Aber insbesondere wenn du normalerweise täglich deine Befriedigung brauchst, kann schon ein Spiel von wenigen Tagen eine reizvolle Herausforderung darstellen und deinen Erfahrungshorizont sehr erweitern, was dein Gefühlsleben und deine Grenzen angeht.

Ein **erzwungener Orgasmus, Orgasmus auf Kommando** und ein **ruinierter Orgasmus** können körperlich und seelisch besonders herausfordernd sein.

Für viele Männer besteht eine völlig neue Art, zum Höhepunkt gebracht zu werden, in einer **Prostata-**

massage. Wenn man diese Praktik mit Keuschhaltung kombiniert, kann sie emotional ebenfalls sehr tief gehen.

Und schließlich mögen manche Menschen es, derartige Varianten durch ein ganz besonderes Rollenspiel zu erweitern, nämlich das **Cuckolding** beziehungsweise **Cuckqueaning**.

Jetzt weißt du zumindest grob, was in diesem Ratgeber auf dich zukommt.

Wir beginnen mit der harmlosesten dieser Spielarten, die aber trotzdem oft aufregender ist als das, was viele bisher als Sex kennengelernt haben.

Was versteht man unter Teasing and Denial?

Leider gibt es für Teasing and Denial keinen deutschen Begriff, der sich wirklich eingebürgert hat. Man kann diesen Ausdruck grob mit »Aufreizen und Zappelnlassen« beziehungsweise »Geilmachen und Verweigern« übersetzen. Der einfache Grundgedanke hierbei ist: Du bringst deinen Partner erotisch stark auf Touren, bis an die Schwelle zum Orgasmus, verhinderst aber, dass es sofort zu diesem Orgasmus kommt, sondern hältst deinen Partner auf diesem Niveau hoher Lust – während er sich danach sehnt, dass sich die in ihm angestaute sexuelle Energie endlich entladen darf.

Das ist ein bisschen gemein, gefällt aber auch vielen Menschen, die sonst überhaupt keine masochistischen Veranlagungen haben.

Der Übergang von gewohnter Sexualität zu dieser Variante ist vielleicht auch deshalb besonders einfach, weil sie in abgeschwächter Form ohnehin schon zum Paarungsverhalten mancher Frauen gehört. Der englische Volksmund spricht von einer »cocktease«, wenn eine Frau es genießt, einen Mann zum Beispiel durch gewagte Kleidung und heiße Blicke in Wallung zu bringen, dabei ihre Macht über ihn genießt und besondere Freude daran hat, ihn entweder gar nicht oder zumindest nicht so schnell zum Zuge kommen zu lassen. Wenn dieses Spiel schließlich zu einem Happy End für beide Beteiligte führt beziehungsweise wenn ein Mann auf dieses Ende wenigstens vertrauen darf, kann das auch für ihn durchaus unterhaltsam sein. Nur wenn er schließlich feststellen muss, gefoppt worden zu sein, vielleicht noch hört, wie sich die begehrte Dame über »schwanzgesteuerte Kerle« empört oder lustig macht, wird er mitunter unleidlich.

Beim Teasing and Denial im Bett wird aus dieser Situation ein einvernehmliches Spiel, das beiden Spaß macht. Wenn ein immer wieder aufgeschobener Orgasmus endlich stattfinden darf, ist er oft besonders explosiv. Aus eigener Erfahrung weiß ich, dass er besonders lange dauert und viel eher den gesamten Körper erfüllt als lediglich den Schoß wie bei vielen »normalen« Orgasmen – den richtigen Partner immer vorausgesetzt. Die Gewissheit, dass es bald zu dieser Entladung kommen wird, gibt Menschen beiderlei Geschlechts das nötige Vertrauen, um sich in solche Spiele fallen zu lassen. Das Spiel lässt sich jedoch entsprechend gemeiner gestalten, je länger man diesen erlösenden Moment aufschiebt. Wer hier auf besonders ausgedehnte Aktionen steht, bei denen er oder sie lange in Hochspannung gehalten wird, hat in gewisser Weise Freude am Leiden, wenn dieses Leiden durch sexuelle Lust aufgepeppt und reizvoll gemacht wird.

Denn es ist klar: Du kannst dieses Spiel immer wieder von Neuem aufnehmen und wiederholen, solange ihr beiden ausreichend Lust und Energie dazu habt. Wenn du der aktive Beteiligte dabei bist, kannst du deinen Partner also erst einmal an die Schwelle seines Orgasmus bringen und dann jegliche Reize zurückhalten, bis seine Lust allmählich nachlässt. Wenn dein Partner ein Mann ist, würde sein zum Bersten praller Penis dann also allmählich zu sinken beginnen und wieder schlaff werden. Dabei kannst du auch ein bisschen nachhelfen. (Wie du das am besten anstellst, erkläre ich weiter unten.) Ist deine Partnerin eine Frau, kannst du ihr ebenfalls dabei zusehen, wie ihre Erregung allmählich nachlässt. Danach beginnst du wieder von vorn. Man spricht bei diesem Surfen an der Grenze zum Orgasmus vom »Edging« – auch hierfür gibt es leider keinen passenden deutschen Ausdruck.

Das Wichtigste bei dieser Praktik ist, dass der Partner desjenigen, der am Rand des Orgasmus gehalten wird, lernt, die Signale richtig zu deuten, die der Hingehaltene dabei unwillkürlich zeigt. Wenn er zu schnell damit nachlässt, seinen Partner aufzugeilen, ist dieses Spiel nicht so berauschend, wie es sein könnte. Übertreibt er es jedoch, kann es passieren, dass der Partner zum Höhepunkt gelangt, obwohl das zu diesem Zeitpunkt noch gar nicht vorgesehen war. Aus diesem Grund funktioniert dieses Spiel weniger gut bei Menschen, die kaum sexuelle Erfahrungen miteinander haben und die Reaktionen des anderen noch nicht richtig einschätzen können. Je besser du deinen Partner auf sexueller Ebene kennst, desto besser funktioniert Teasing and Denial.

Du wirst nun schnell feststellen, dass die Erfahrung, immer wieder bis dicht an die Schwelle zum Orgasmus gebracht zu werden, ohne den Gipfel aber tatsächlich erreichen zu können, zu einem ganz enormen Drang danach führt. Viele Menschen beginnen dann unweigerlich zu betteln: »Bitte, bitte, lass mich endlich kommen!«

Du befindest dich jetzt im Bereich sexueller Spiele im Zusammenhang mit Macht und Demütigung. Vielleicht stellen du und/oder dein Partner fest, dass euch das besonders heißmacht. Ihr hättet dann eine ganz eigene Welt der Lust erreicht, nämlich BDSM-Spiele, die ihr zuvor vielleicht noch nicht am eigenen Leibe erlebt habt.

Wenn du der aktive Partner bei diesem Spiel bist, kannst du deine Macht jetzt genießen, indem du von deinem »Opfer« bestimmte Dinge verlangst, damit du ihm zur Belohnung seinen Orgasmus erlaubst. Ein harmloses Beispiel wäre: Er hat immer wieder deinen Namen zu schreien, wenn er kommt. Das ist nicht zu viel verlangt, kann aber für euch beide eine wunderbare Krönung dieses kleinen Spiels sein.

Mehr steckt nicht dahinter, und ihr könnt es bei dieser Stufe belassen. Aber womöglich ahnst du jetzt schon: Wenn du die Verweigerung eines Orgasmus noch weiter aufschiebst, deinen Partner zum Beispiel für längere Zeit keusch hältst, kann die damit verbundene Erfahrung für euch beide emotional noch viel eindringlicher sein und es kann zu wesentlich intensiveren Formen von Macht, Ohnmacht und Demütigung kommen.

Das muss aber nicht so sein. Die Kontrolle und Zurückhaltung des Orgasmus findet man auch bei erotischen Spielarten ganz ohne Machtgefälle, zum Beispiel bei der spirituellen Variante des Tantra. Auch bei der sogenannten Karezza dringt ein Mann zwar in seine Partnerin ein und genießt die Nähe, kommt jedoch nicht zum Samenerguss. Darum geht es aber in dem hier vorliegenden Ratgeber nicht.

Zuletzt sollte man der Vollständigkeit halber erwähnen, dass Teasing and Denial oft auch so stattfindet, dass einer der beiden Partner sich durch Selbstbefriedigung an die Schwelle des Orgasmus bringt, während der andere dabei zusieht, aber erst kommt, wenn sein Partner ihm das erlaubt.

Warum mögen Menschen Teasing and Denial?

Warum könnte es für dich interessant sein, Teasing and Denial auszuprobieren? Mit welchen Argumenten könntest du deinen Partner davon überzeugen? Einige Reize dieses Spiels sind vermutlich in den vorangegangenen Absätzen schon klar geworden. Aber schauen wir uns die Vorzüge dieser Variante noch einmal genauer an:

- Der Orgasmus, der sich bei demjenigen aufbaut, der längere Zeit hingehalten wird, ist oft besonders heftig. Wenn einer der beiden Partner zu mehreren Orgasmen hintereinander in der Lage ist, bleiben auch die späteren Orgasmen häufig sehr intensiv.

- Man hat über längere Zeit auf einer Stufe hoher Erregung Spaß im Bett, statt dass der männliche Partner nach wenigen Minuten kommt und dann warten muss, bis er wieder »einsatzfähig« ist. Insofern ist Teasing and Denial gerade für Menschen, die sonst sehr schnell kommen, eine Überlegung wert.

- Einer der beiden Partner gerät in eine Situation, in der er viel Macht über den anderen hat. Das kann ausgesprochen sexy für beide sein. Derjenige, der hingehalten wird, genießt die intensiven Gefühle, die in seinem Körper toben. Derjenige, der seinen Partner hinhält, kann ein leicht sadistisches Vergnügen daran haben, wie sein Lover aussieht und sich verhält, wenn er dicht an der Grenze zum Höhepunkt gehalten wird. Beide Partner können so erste

Erfahrungen mit Macht und Unterwerfung machen, ohne dass einer den anderen als »Sklave« auspeitscht oder herumkommandiert. Sehr wohl aber kann Teasing and Denial einen guten Einstieg ins Bondage darstellen, da es Sinn macht, die Hände des passiven Partners zu fesseln, damit er sich nicht selbst zum Orgasmus bringen kann.

Das sind die Vorzüge, wenn man Teasing and Denial für einen relativ kurzen Zeitraum spielt, also beispielsweise eine Stunde gemeinsam im Bett. Diese Praktik lässt sich aber auch für einen längeren Zeitraum ausbauen. Du könntest also beispielsweise deinen Partner morgens mehrere Male hintereinander auf Hochtouren bringen, ihm seinen Orgasmus aber erst gestatten, wenn er im Laufe des Tages bestimmte Dienstleistungen für dich erledigt hat oder sich auf bestimmte Weise hat demütigen lassen. Oder dein Partner geht zur Arbeit, bekommt dort von dir aber über den Tag verteilt immer wieder eine heiße SMS zugeschickt, die seine Lust immer wieder neu entfacht, bis ihr euch abends wiederseht. Auf diese Weise seid ihr, auch wenn ihr voneinander getrennt seid, gedanklich immer stark miteinander verbunden. Dieses

Spiel kann noch drastischer werden, wenn du deinen Partner über mehrere Tage hinweg immer wieder in Fahrt bringst, ohne ihn kommen zu lassen.

Wie sieht es aus, wenn du deinen Partner mit Teasing and Denial quälst, du aber auch derjenige bist, der zur Arbeit fährt, während dein Lover zu Hause bleibt? Dann könnte euer Spiel zum Beispiel so aussehen, dass du deinem Partner kurz vor Feierabend per Telefon oder SMS mitteilst, er solle sich schon mal selbst in Stimmung bringen, dürfe aber nicht kommen, weil du dich selbst darum kümmern möchtest, wenn du zu Hause ankommst. Besonders fies ist es, wenn dein Partner damit rechnet, dass du wie sonst immer in zwanzig Minuten bei ihm bist, du tatsächlich aber erst noch einen kleinen Einkaufsbummel machst, während dein Partner in den Laken schwitzt und aufgeladen mit Geilheit auf dich wartet.

Je länger ihr den Aufschub streckt, bis einer von euch beiden seinen Orgasmus haben darf, desto stärker kann das damit verbundene Machtgefälle werden. Ein Anhänger dieser Praktik beschreibt das Verhalten seiner Partnerin so:

»Manchmal genießt sie es, mich an den Rand des Orgasmus zu bringen, um ihn mir dann zu verbieten. Das kann während einiger Tage immer wieder passieren.

Das ist sehr erotisch. Es kann sein, dass man eine Woche lang mit einem Ständer herumläuft, weil man immer kurz davor ist. Wenn ich meine Rolle spiele, will ich ihr immer gehorchen. Wenn ich tagelang kurz vor einem Orgasmus bin, will ich ihr wirklich, WIRKLICH jeden Wunsch erfüllen.«

Wie beginnst du am besten mit Teasing and Denial?

Ebenso wenig wie bei anderen sexuellen Praktiken brauchst du auch bei Teasing and Denial nicht gleich von null auf hundert zu gehen, sondern kannst auf einer niedrigen Stufe beginnen, um dann immer weiter zuzulegen. Wenn du derjenige bist, der an der Schwelle zum Orgasmus gehalten wird, könnte deine Entwicklung folgendermaßen aussehen.

Erste Stufe: Du lernst erst einmal ganz für dich allein, bei der Selbstbefriedigung deinen Orgasmus immer weiter aufzuschieben, statt sofort zu kommen. Auf diese Weise hast du immer noch die volle Kontrolle. Vielleicht machst du so etwas ohnehin schon, um diesen lustvollen Zeitvertreib möglichst lange auszudehnen. Wenn du das zukünftig machst, kannst du ja mal versuchen, darauf zu achten, wann du den Punkt erreicht hast, ab dem du einen Orgasmus nicht mehr zurückhalten kannst. Gibt es bestimmte körperliche Reaktionen, durch die du das spürst? Achte darauf und probiere, dich immer dichter an die Grenze zu bringen.

Zweite Stufe: Hier könntest du mit Websites experimentieren, die speziell für Teasing-and-Denial-Spiele entwickelt worden sind. Das Paradebeispiel hierfür ist *milovana.com*, wo du ein sehr umfangreiches Angebot sogenannter »Webteases« findest – erotische Onlinespiele, bei denen du dich in eine erotisch ausgeschmückte Situation begibst, in der du deinen Höhepunkt für einen bestimmten Zeitraum zurückhalten musst. Statt dir selbst bestimmt also sozusagen das vorprogrammierte Spiel, wie lang du durchzuhalten hast – aber natürlich musst du nicht allen Anweisungen folgen und niemand kann dich daran hindern, schon vor dem eigentlichen Ende eines Durchgangs zu kommen. *Milovana* ist vor allem auf männliche Besucher ausgerichtet und die meisten Webteases enthalten SM-Elemente wie Demütigungen und Schmerzen. Es kann also zum Beispiel sein, dass dich das gezeigte Mädchen auffordert, deinen Hoden mit einem Lineal ein paar Schläge zu geben, bevor du weiterspielen darfst.

Dritte Stufe: Du zeigst deinem Partner, wie es aussieht, wenn du dich bei der Selbstbefriedigung immer wieder dicht an die Grenze zum Orgasmus bringst.

Vierte Stufe: Statt dir selbst oder dem Computer übernimmt jetzt dein Partner das Kommando und sagt dir, wann du innezuhalten hast und wann du weitermachen darfst. Anfangs sagst du ihm vielleicht noch, wenn du glaubst, diese Grenze erreicht zu haben, aber mit der Zeit dürfte er selbst merken, in welchem Zustand du dich gerade befindest.

Fünfte Stufe: Jetzt könnt ihr das Machtgefälle deutlich machen, das zwischen euch bei diesem Spiel entstanden ist. Derjenige von euch, der das Kommando innehat, könnte seinem Lover also zum Beispiel mit einer unangenehmen Strafe drohen, wenn der seinen Höhepunkt zulässt, bevor er die Erlaubnis dazu hatte. Oder er lässt ihn lange Zeit um seinen Orgasmus betteln, bevor er die Erlaubnis dazu erteilt.

Sechste Stufe: Jetzt bringt einer von euch den anderen mehrmals hintereinander beinahe zum Orgasmus. Damit der auf diese Weise Hingehaltene nicht selbst Hand an sich legt, um sich über die Schwelle zu bringen, wird er vorher gefesselt. Allerdings gefällt das nicht jedem: Manche reißt die mangelnde Bewegungsfreiheit aus ihrer Stimmung heraus und sie können sich weniger gut in ihre Empfindungen fallen lassen. Hier wie in vielen anderen Fällen müsst ihr ein wenig tüfteln und experimentieren, unter welchen Bedingungen ihr euch am wohlsten fühlt.

Siebte Stufe: Ihr dehnt Teasing and Denial über einen längeren Zeitraum aus, zum Beispiel über mehrere Tage. Darauf komme ich im Zusammenhang mit dem Thema Keuschhaltung später zurück.

Denkt dran, dass ihr nicht gezwungen seid, eine Stufe nach der anderen hinter euch zu bringen. Ihr könnt jederzeit dort innehalten, wo ihr am meisten Spaß habt, eine Stufe überspringen oder auch eine Stufe zurückgehen – ganz so, wie es euch beiden gefällt.

Wie wird Teasing and Denial besonders prickelnd?

Es gibt eine Reihe von Tricks und Kniffen, mit denen es dir besonders gut gelingen sollte, deinen Partner am Rand des Orgasmus zappeln zu lassen. Wenn dein Partner kurz davor steht, zu kommen, solltest du damit aufhören, sein Geschlechtsorgan zu stimulieren – so viel ist klar. Das bedeutet allerdings nicht unbedingt, dass du sämtliche erotischen Reize zurückhalten musst. So kann es besonders aufregend sein, ihn mit leichten erotischen Reizen auf einer hohen Ebene sexueller Anspannung zu halten und so zu vermeiden, dass sie wieder nachlässt. Gleichzeitig sollten diese Stimulationen aber nicht ausreichen, um deinen Lover über die Schwelle zu stoßen.

Einige Möglichkeiten sind die folgenden:

- Du streichelst oder küsst bei deinem Partner weniger erogene Zonen als den Intimbereich.

- Du streichst mit einer Feder über die Innenseite seiner Schenkel oder mit einem sehr weichen Pinsel über seinen Penis/ihre Vagina.

- Du kratzt mit den Fingernägeln über die Flanken deines Partners – von der Achselhöhle bis zur Hüfte –, wobei du seine Haut nur ganz leicht berührst.

- Du flüsterst ihm versaute Sätze ins Ohr, von denen du weißt, dass sie ihn scharfmachen. Äußere Fantasien, erotische Drohungen oder dein Vergnügen darüber, wie hilflos dein Lover unter deinen Berührungen ist.

- Wenn dein Partner kurz vor dem Orgasmus steht, kreist du immer wieder ganz leicht mit der Innenfläche deiner Hand über die Spitze seines Penis beziehungsweise über die Klitoris deiner Partnerin.

- Du verwöhnst die Stelle zwischen seinem Schoß und seinem Hintern mit einem Vibrator oder mit einer kräftigen Massage.

- Du schiebst ein feuchtes Wattestäbchen langsam in seinen Hintern hinein und wieder hinaus, sodass sich sein Schließmuskel unwillkürlich zusammenzieht, als würde er gleich kommen.

- Wenn du eine Frau bist, kannst du deinem Partner auch deine Brüste scheinbar zum Lecken anbieten, um sie dann sofort zurückzuziehen, sobald er seine Zunge herausstreckt.

Vielleicht entscheidest du dich aber auch dafür, deinen Partner von dieser Ebene herunterzuholen, damit es nicht doch zu einem Ende eures Spiels kommt, bevor ihr dazu bereit seid.

Dafür gibt es verschiedene Methoden, auf die ihr euch vielleicht vorher einigen möchtet:

- Du legst auf seine Genitalien einen Eisbeutel oder ein nasses kaltes Handtuch.

- Du fügst ihm leichte Schmerzen zu.

- Du hältst ihm etwas unter die Nase, das einen wirklich unangenehmen Geruch verströmt.

- Du fängst an, von komplett unerotischen Dingen zu berichten, beispielsweise von den neuesten Entwicklungen bei einem Politiker, den dein Partner nicht leiden kann.

- Du schickst ihn in die Küche, um dir etwas zu trinken zu holen.

Es ist übrigens völlig in Ordnung, wenn der Penis deines Partners im Verlauf dieser Aktionen schlaff wird. Das bedeutet nicht, dass ihr ganz von vorn anfangen müsst. Die Nerven des Penis haben die vorangegangenen Reize sozusagen gespeichert, was du daran merken wirst, dass du deinen Partner wesentlich schneller wieder zu einem Grad hoher Erregung bringen kannst als sonst.

Nun sind Menschen und ihre sexuellen Reaktionen bekanntlich verschieden. Es kann also sein, dass ein bestimmter Reiz den einen noch mehr erregt und beim anderen die Erregung dämpft. Wie ist es zum Beispiel, wenn du deinen Partner in die Brustwarzen zwickst? Reißt ihn das aus seiner erotischen Trance oder wird er nur noch geiler? Das musst du speziell bei deinem Partner erst herausfinden, sodass du seine Lust wirklich gekonnt steuern kannst. Zu lernen, wie du dich am besten verhältst, damit dein Lover im Bett auf eine gewünschte Weise reagiert, ist ja immer lohnenswert.

Wenn du über eine etwas sadistische Ader verfügst und dein Partner leicht masochistisch veranlagt ist, gibt es Methoden, um Teasing and Denial noch gemeiner zu machen:

- Ist dein Partner männlich, kannst du seinen Penis und seine Hoden so festbinden, dass er sich nur minimal bewegen kann. Dann legst du dich neben ihn und forderst ihn auf, in dich einzudringen und mit dir zu vögeln, um zum Orgasmus zu gelangen – bleibst aber einige Zentimeter außerhalb seiner Reichweite.

- Du schmiegst dich an deinen Partner, wenn er kurz vor dem Höhepunkt steht, um zufrieden einzuschlummern. Viele sexuell aufgeladene Menschen brauchen unter diesen Umständen ewig, um wieder runterzukommen.

- Wenn es deinem Partner normalerweise peinlich ist, sich vor deinen Augen selbst zu befriedigen, ist es besonders tückisch, wenn du ihm als einzige Möglichkeit, seinen erlösenden Orgasmus zu haben, überlässt, darum zu betteln, genau das tun zu dürfen.

Für den Partner, der von seinem Lover stimuliert wird, gibt es eigentlich nur einen Tipp: Wenn du derart erregt bist, dass du glaubst, es nicht mehr ertragen zu können, hilft es oft, immer wieder tief durchzuatmen. Das führt dazu, dass der Erregung ein wenig die Spitze genommen wird. Umgekehrt gilt: Wenn du einen Endspurt einlegen und jetzt doch endlich zu deinem Höhepunkt gelangen möchtest, kannst du das erleichtern, indem du schneller und flacher atmest.

Zuletzt noch ein paar allgemeine Tipps:

Gerade bei Teasing and Denial und wenn man gefesselt ist, kann es für den gequälten Partner sehr schwierig sein, das Spiel abzubrechen, wenn seine Grenzen endgültig erreicht sind. Wenn er zum Beispiel rufen würde: »Mir reicht's jetzt wirklich, bitte lass mich kommen!« würde sich das nicht wesentlich von seinem bisherigen Gebettel unterscheiden. Womöglich fällt ihm in seinem Zustand auch längst nicht mehr ein, wie er signalisieren soll, dass seine Proteste diesmal ernst gemeint sind. Hier kann ein Safeword hilfreich sein, das man vor allem von SM-Spielen kennt. Ihr würdet euch also vor dem Teasing and Denial auf ein bestimmtes Wort einigen, das der malträtierte Partner ausrufen soll, wenn er es wirklich nicht mehr aushält. Er muss sich dann darauf verlassen können, dass der andere die Aktion sofort abbricht.

Wenn du über die Keuschhaltung deines Partners bestimmst, sollte die Verwendung des Safewords für dich ausschlaggebend sein. Es ist sinnvoll, auf sämtliche anderen Überredungs- und Manipulationsversuche, doch noch einen Orgasmus erlaubt zu bekommen, mit einem entschiedenen »Nein« zu antworten und sein Gebettel vielleicht sogar zu bestrafen (durch Arbeitsaufgaben, längeres Orgasmusverbot als vorgesehen und so weiter). Das klingt grausam, ist aber genau die Reaktion, die sich Menschen in Wirklichkeit wünschen, die Keuschhaltung erregend finden. Das bestätigen etliche entsprechende Statements in Onlineforen zu dieser Neigung sowie meine eigenen Erfahrungen in diesem Bereich. Zudem schließen sich die beiden Anforderungen »wirklich strenge Herrin« und »Erfüllerin all meiner momentanen sexuellen Wünsche und Triebe« gegenseitig aus.

Ein Safeword allerdings muss immer erfolgreich sein, weil dein Partner sonst keine Möglichkeit hätte, das Spiel abzubrechen – auch wenn er den Eindruck hat, dass es ihm nicht mehr guttut.

Das lässt dich allerdings mit einem Problem zurück: Was tust du, wenn dein Partner sein Safeword derart häufig und unbekümmert verwendet, dass von einem echten Orgasmusverbot keine Rede mehr sein kann? Das kommt darauf an, ob dich dieses Verhalten ernsthaft stört. Wenn nicht, kannst du es ja einfach akzeptieren. Wenn doch, solltet ihr euch noch mal zusammensetzen und eure gegenseitigen Erwartungen besprechen, woraufhin ihr die Spielregeln neu aushandelt. Findet ihr zu keiner gemeinsamen Lösung, bleibt dir nichts anderes übrig, als deinem Partner anzukündigen, dass ihr dann eben auf weitere Keuschheitsspiele verzichten werdet. Die Chancen stehen gut, dass dein Partner daraufhin plötzlich sehr gefügig wird, das Safeword zukünftig nur noch im Ernstfall verwendet und ansonsten von dir bestimmen lässt, wann er kommen darf und wann nicht.

Wenn der Partner, der im hochgradig erregten Zustand gehalten wird, überraschend doch kommt, ist das auch keine Katastrophe – also geht nicht damit um, als wäre es eine. Ein Orgasmus ist immer noch ein tolles Erlebnis und ein »Risiko«, das man unbekümmert eingehen kann.

Warum lassen sich Menschen gern keusch halten?

Nun kann es sein, dass du das Vergnügen an Teasing and Denial noch nachvollziehbar findest: Schließlich handelt es sich um ein erotisches Spiel, dessen Kern sozusagen besonders lang gestreckte Ekstase ist. Aber warum lassen sich Menschen gern über Tage und Wochen hinweg keusch halten? Normalerweise versuchen Menschen doch, so viele Orgasmen wie möglich zu erhaschen, und nicht, deren Zahl zu begrenzen?

Nun funktioniert erotische Keuschhaltung nicht so, dass du deinem Partner einfach den Orgasmus verbietest und das war's. Wenn das Spiel so abliefe, hätte dein Lover wenig Spaß daran. Stattdessen würde er es dir wohl ziemlich schnell nachtragen.

Der Trick besteht vielmehr darin, das sexuelle Feuer deines Partners zu schüren, aber nicht zuzulassen, dass es sich in einer Stichflamme entlädt. Er soll sich ständig nach der Erfüllung seines Begehrens sehnen, ist dabei aber abhängig davon, ob du das zulässt. Es handelt sich also um eine Art von Teasing and Denial, die auf einen besonders langen Zeitraum gestreckt wird. Dieser lange Zeitraum erlaubt eine viel tiefer gehende psychologische Wirkung bei dem Menschen, der keusch gehalten wird. Weil er weiß, dass seine »Erlösung« von seinem Partner abhängt, wird er alles tun, um ihm zu gefallen und ihn gnädig zu stimmen. Seine Unterwürfigkeit, die er schon dadurch gezeigt hat, dass er sich keusch halten lässt, wird immer mehr verstärkt.

Keuschhaltung bedeutet also ironischerweise nicht weniger, sondern mehr Sex: zumindest wenn man bereit ist, den Begriff »Sex« weiter zu fassen als den Akt des Geschlechtsverkehrs allein. Die Erregung des keusch gehaltenen Partners wird stärker und hält länger an. Man kann hier auch von einem Vorspiel sprechen, das sich über Tage und Wochen hinstreckt.

Funktioniert das bei jedem? Nein. Es kann zum Beispiel sein, dass der Sexualtrieb eines Partners so schwach ausgeprägt ist, dass er Keuschhaltung langweilig findet und sie seinen Trieb erst recht zum Erliegen bringt. Es kann aber auch sein, dass in einer Partnerschaft Sex langweiliger Alltag geworden ist und die Lust auf den Partner stark nachgelassen hat. Dann kann gezielte Keuschhaltung durchaus belebend sein und die Dinge wieder in Schwung bringen.

Grundsätzlich würde ich solche Experimente daher gerade bei einer öde gewordenen Liebesbeziehung empfehlen. Denn wir kennen es doch alle: Auf Dinge, die man uns verbietet und an die man nicht so einfach rankommt, werden wir besonders scharf. Die Vorstellung einer heimlichen Nummer mit der zwanzig Jahre jüngeren Praktikantin ist für viele Männer erotisch wesentlich ansprechender als die Aussicht auf den zum Alltag gewordenen ehelichen Verkehr – und bei vielen Frauen gibt es denselben psychologischen Mechanismus. Auch die Keuschhaltung basiert auf dem Prinzip, dass man stärkere Lust empfindet, wenn man diese Lust nicht sofort erfüllen kann, wenn einem danach ist.

Schauen wir uns in den folgenden Absätzen einmal näher an, was beide Partner dieses Arrangements davon haben. Dabei gehe ich der Einfachheit halber von dem offenbar weitaus beliebteren Fall aus, dass eine dominante Frau einen devoten Mann keusch hält (das ist einfach flüssiger lesbar, als wenn ich ständig zwischen den Geschlechtern hin und her springen würde). Vieles davon lässt sich ebenso auf die umgekehrte Konstellation übertragen.

Wo liegt also der Reiz für eine Frau, ihrem Lover einen Keuschheitsgürtel anzulegen (zu solchen Gürteln kommen wir ausführlicher weiter unten)?

- Sie braucht sich keine Sorgen mehr darum zu machen, dass ihr Partner fremdgehen, ein Bordell aufsuchen, ja sogar ohne ihr Einverständnis onanieren könnte. Manche Gürtel verhindern sogar eine Erektion sehr zuverlässig. Der einzige Weg für ihren Partner, zum Orgasmus zu gelangen, ist sie selbst.

- Dieses Wissen verleiht ihr ein berauschendes Gefühl der Macht.

- Dass ihr Partner bereit ist, dieses Arrangement ihr zuliebe einzugehen, zeigt ihr, welch hohe Stellung sie in seinem Denken ohnehin schon innehat.

- Ihr Partner wiederum kann immer öfter an nichts anderes denken als an sie, und er wird alles Erdenkliche tun, um sie dazu zu bringen, dass sie ihm einen Orgasmus erlaubt. Er behandelt sie respektvoller und geht mehr auf ihre Wünsche ein. Bei Respektlosigkeiten können die Worte »Das wird dich einige Zusatztage kosten« eine Erfolg bringende pädagogische Maßnahme darstellen.

- Im Bett kann sich diese Frau ganz auf die Befriedigung ihrer eigenen sexuellen Bedürfnisse konzentrieren. Sie kann ihren Partner sogar demütigen und sein Wesen ganz nach ihrem Belieben verändern.

- Manche Frauen haben auch eine leicht sadistische Ader, und es gefällt ihnen, dass eine unerlaubte Erektion ihres Partners mit unangenehmen Gefühlen bis (je nach Keuschheitsgürtel) hin zu Schmerzen »bestraft« wird.

Sobald sie die geschilderten Verhaltensänderungen erleben, sind selbst Frauen, die diesem Experiment zunächst skeptisch gegenüberstanden, schnell bereit, die Keuschhaltung ihres Partners von wenigen Tagen auf mehrere Wochen auszudehnen.

Eine dominante Frau, die ihren Partner Thomas keusch hält, berichtet folgendes über diese Erfahrung:

»Eines der faszinierendsten Geständnisse von Thomas war, wie sich seine sexuellen Tagträume durch meine Kontrolle über ihn und seine Orgasmen veränderten. Wenn er früher zwei bis drei Mal pro Stunde von Sex träumte, fantasierte er meistens über Situationen mit anderen Frauen. Sobald wir mit Orgasmuskontrolle begannen, drehten sich seine Fantasien um mich, und er begann, von verschiedenen Szenarien zu träumen, in denen ich ihn ›zwang‹, verschiedene Dinge zu tun, um einen Orgasmus zu bekommen. Thomas sagt mir, dass er ständig erregt ist und dass er es liebt. Ich habe mehrere Berichte gelesen, in denen Männer zugaben, dass ihre Willenskraft umso schwächer wurde, je länger ihnen der Orgasmus verweigert wurde und je mehr sie ihrer Partnerin gefallen wollten. Durch ständiges Teasing and Denial ist es, als ob ihr Verstand langsam zu Brei wird. Dann bekommt man zu hören: ›Ich tue alles, was du willst‹. Denken Sie an all die Möglichkeiten, meine Damen!«

Hier deuten sich bereits die Gründe dafür an, dass sich ein Mann gern keusch halten lässt:

- Er möchte sich seiner Partnerin komplett überantworten und ihr auch beweisen, dass er »ihr gehört«.

- Er genießt den Zustand ständiger oder doch zumindest sehr häufiger sexueller Erregung.

- Er ist sexuell unterwürfig und liebt es, dass die Keuschhaltung ihn in einen mentalen Zustand bringt, in dem er wirklich »gezwungen« ist, alles Erdenkliche für die Frau zu tun, die ihn »besitzt«. Ihre Herrschaft über ihn ist jetzt nicht mehr nur ein Rollenspiel, sondern realer geworden. Das Gefühl von Ohnmacht und Ausgeliefert-Sein sowie der Entwürdigung, die damit verbunden ist, gibt ihm einen sexuellen Kick.

- Wenn ihm mal ein Orgasmus erlaubt ist, wird er dieses Erlebnis mehr schätzen und stärker genießen.

Wie beginnt ihr am besten mit der Keuschhaltung?

Wie du durch die bisherigen Erläuterungen bereits gemerkt hast, handelt es sich bei der Keuschhaltung um ein seelisch sehr tief gehendes Spiel. Hier ist es also noch wichtiger als bei anderen Praktiken, bei denen sich ein Partner dem anderen ausliefert, Überlastungen und emotionale Verletzungen zu vermeiden. Gerade weil innerhalb des Spiels ein Partner Macht an den anderen abgibt, ist es sinnvoll, wenn beide Partner zuvor besprechen, wie das aussehen soll.

Folgende Fragen könnt ihr in einem solchen Gespräch klären:

- Welche Vorstellungen hat jeder von euch von diesem Spiel, was sind seine Wünsche dabei und wie lassen sie sich am besten in Einklang bringen?

- Bestehen bei einem von euch bestimmte Tabus? Gibt es vor allem bei demjenigen, der keusch gehalten wird, Dinge, die er auf keinen Fall erleben möchte?

- Angenommen, die Keuschhaltung findet nicht durch einen Keuschheitsgürtel, sondern nur auf

Befehl statt: Auf welche Weise soll der keusch gehaltene Partner bestraft werden, wenn er schwach wird und sich einen verbotenen Orgasmus verschafft?

- Mit welchem Safeword kann das Spiel abgebrochen werden?

- Ist es erlaubt, dass der keusch gehaltene Partner den anderen anbettelt, endlich wieder kommen zu dürfen? Manche Menschen, die ihren Partner keusch halten, genießen es und finden es amüsant, solches Flehen zu hören, andere finden ihren Sadismus eher befriedigt, wenn sie solche Wünsche verbieten, und es bestrafen, wenn sie doch geäußert werden.

Ihr könnt auch besprechen, wie streng die Keuschhaltung aussehen soll. Hier sind die verschiedensten Arrangements vorstellbar. Einige Beispiele:

- Der betroffene Partner wird für einen von Anfang an festgelegten Zeitraum komplett keusch gehalten. Es gibt keine erotischen Kontakte, in die seine Geschlechtsorgane einbezogen werden.

- Der betroffene Partner hat innerhalb eines festgelegten Zeitraums nur eine bestimmte Zahl von Orgasmen zur Verfügung. Sobald diese »verbraucht« sind, ist seine Keuschhaltung bis zum Ende des vereinbarten Zeitraums absolut.

- Die Keuschhaltung wird von erotischen Spielen unter Einbeziehung der Geschlechtsorgane unterbrochen. Womöglich hat der keusch gehaltene Partner aber keine Gewissheit, wie diese Kontakte enden: mit seinem Orgasmus, lediglich mit einem ruinierten Orgasmus oder ganz ohne Höhepunkt.

- Ihr macht miteinander aus, dass dein Partner nur kommen darf, nachdem du ihm auf eine Weise zugesetzt hast, die ihn emotional oder körperlich belastet. Er selbst hat entsprechende Vorschläge zu machen. Wenn du einen Vorschlag zu läppisch findest, verlängert sich die Keuschhaltung automatisch um drei weitere Tage.

- Ihr vereinbart, dass dich dein Partner nur um einen Orgasmus anbetteln darf, wenn er sich in einer erniedrigenden Position befindet, also beispielsweise auf Knien und mit der Stirn auf dem Fußboden.

- Ihr vereinbart ein festes Punktesystem, wobei der keusch gehaltene Partner durch besonderes Wohlverhalten Vergünstigungen erwerben kann: zum Beispiel die Erlaubnis zur Selbstbefriedigung für 25 Punkte, Befriedigung mit der Hand durch den Partner für 40 Punkte und Geschlechtsverkehr für 100 Punkte. Dabei könnt ihr auch festlegen, dass sich dein Partner durch mangelnden Gehorsam und Widerborstigkeit Minuspunkte einhandeln kann, die das Ende seiner Keuschhaltung aufschieben.

- Genauso gut könnt ihr von Anfang an Regeln festlegen, mit denen dein Partner die Dauer seiner Keuschhaltung reduzieren kann. Verfügt er über einen ansprechenden Körper? Dann könnte er sich umso mehr Punkte verdienen, je weniger Kleidung er über den Tag hinweg am Leibe trägt. Möchte er ein wenig abnehmen? Dann vereinbart zum Beispiel fünf Tage Keuschhaltung – aber es zählen nur die Tage, an denen er außer einem notwendigen Minimum nichts isst, sondern fastet. Für jeden Tag, an dem er seinen Appetit nicht zügeln kann, wird sein nächster Orgasmus einen Tag nach hinten geschoben. Oder steht dein Partner vor einer Prüfung? Dann hilf ihm doch beim Lernen, indem du ihn abfragst und er für jede falsche Antwort einen weiteren Tag keusch gehalten wird.

- Du kannst deinem Partner auch eine eigene Aufgabe stellen, etwa die Wohnung zu putzen oder dich zum Höhepunkt zu lecken. Danach gibst du ihm für seine Leistung ein bis zehn Punkte. Nur wenn er deiner Meinung nach die vollen zehn Punkte erreicht hat, hat er sich einen Orgasmus verdient. Allerdings erlaubt diese Methode ein großes Maß an Willkür bei der Bewertung und erfordert deshalb einen vertrauensvollen Partner.

- Vorstellbar wäre auch ein Tauschsystem. Etwa so: Für jeden zehnten Orgasmus, zu dem dich dein Partner gebracht hat, darf er auch einmal kommen.

- Vielleicht möchtet ihr auch ausmachen, dass dein Partner so viele Minuten erhält, zum Orgasmus zu kommen, wie Tage seit seinem letzten Orgasmus verstrichen sind. Schafft er es in dieser Zeitspanne nicht zum Höhepunkt, beginnt die Keuschhaltung von vorn.

- Ebenso denkbar ist, dass ihr ein Zufallselement in euer Spiel mit einbezieht, um es noch spannender zu gestalten. Beispielsweise könntest du nach den ersten Tagen Keuschhaltung – je nachdem wie gut sich dein Partner benommen hat – einen oder mehrere Würfel werfen, wobei die Gesamtzahl der Punkte ergibt, wie viele Tage er noch keusch gehalten bleibt.

- Ebenfalls über das Prinzip Zufall funktioniert eine kleine Lotterie, bei der du mehrere zusammengerollte Zettel in eine Schüssel wirfst und deinen keusch gehaltenen Partner jeden Tag einen davon ziehen lässt. Auf diese Zettel schreibst du Aufgaben wie »eine Viertelstunde Edging«, »muss mir die Zehen lutschen«, »Sex ohne Orgasmus für ihn« … und natürlich auch den erlaubten Orgasmus. (Es wäre allzu heimtückisch, wenn du diesen Zettel heimlich verschwinden lässt.)

Generell empfiehlt es sich allerdings, bei der Keuschhaltung nicht gleich von null auf hundert zu gehen. Für Profis in diesem Bereich mag es eine besondere Herausforderung darstellen, wenn ihr Geschlechtsorgan im sogenannten »Locktober« für einen kompletten Monat weggeschlossen ist, aber für Anfänger genügen einige Tage. Je mehr Gelegenheit der betroffene Partner hat, zu sehen, wie gut er mit dieser Situation klarkommt, desto besser stehen die Chancen für eine Langzeit-Aktion. Nach diesen ersten Tagen könnt ihr miteinander besprechen, was gut funktioniert hat und was ihr beim nächsten Spiel lieber verändern möchtet.

Ihr solltet dabei aber nicht übersehen, dass auf den dominanten Partner auch eine neue Rolle in eurer Beziehung zukommt, an die er sich erst einmal gewöhnen und mit der er umgehen lernen muss. Auch er muss für sich herausfinden, welche Rolle genau er gut ausfüllen kann. Vielleicht gefällt einer Frau, die ihren Lover keusch hält, dieses Spiel an sich gut. Sie möchte sich aber nicht komplett in eine Domina verwandeln, die ihren Partner immer wieder demütigt und grausam bestraft. Glücklicherweise steht ihr ein breites Spektrum zur Verfügung: Als Männer bei einer Onlineumfrage gebeten wurden anzugeben, welche Charakterzüge sie bei einer solchen Herrin am ehesten erregen, entschieden sich 5 Prozent für »gemein«, 13 Prozent für »arrogant«, 17 Prozent für die gespielte Unschuld, 29 Prozent wollten von einem zickigen Miststück gequält werden und mit 36 Prozent entschieden sich die meisten für die Kategorie »verspielt«. Was davon würde euch beiden am meisten Spaß machen?

Wenn du deinen Partner keusch hältst, ist es schließlich sinnvoll, dass du ihn zumindest in der Anfangsphase noch aufmerksamer als sonst danach fragst, wie es ihm gerade geht. Belastet seine Keuschhaltung in irgendeiner Form seine Arbeit, sein Gefühlsleben oder seinen Nachtschlaf? Wenn es hier ernsthaften Anlass zur Sorge gibt, solltest du das wissen und gegebenenfalls zusammen mit deinem Partner überlegen, wo ihr hier gegensteuern könnt (zum Beispiel indem ihr die Dauer oder Art der Keuschhaltung ändert). Geht es ihm gut, kannst du beruhigt sein, dass es keinen Grund für Änderungen gibt. Geht es ihm gut bis auf die Tatsache, dass er wie gewünscht unter seiner Lust leidet, die sich nicht entladen kann, bringen dich entsprechende »Geständnisse« von ihm vielleicht sogar sexuell in Stimmung.

Manche Menschen lassen ihren keusch gehaltenen Partner auch ein ausführliches Tagebuch darüber schreiben, was sie den Tag über tun und wie es ihnen dabei geht. Solche Notizen haben mehrfachen Nutzen: Du erhältst einen Einblick in das Innenleben deines Partners, seine Berichte geben dir vielleicht einen erotischen Kick und schließlich kannst du so besser überwachen, ob er nicht an irgendeiner Stelle »gemogelt« und sich doch heimlich einen Orgasmus verschafft hat. Je gründlicher er über seinen Tagesablauf berichtet, desto besser.

Wie kannst du Keuschhaltung besonders reizvoll gestalten?

Aus dem bisher Gesagten sollte deutlich geworden sein, dass es sich bei der Keuschhaltung vor allem um eine psychologisch wirksame Praktik handelt. Dementsprechend sehen auch die Kniffe aus, mit denen du diese Erfahrung für deinen Partner besonders intensiv werden lassen kannst.

So kannst du zum Beispiel unter den folgenden Techniken auswählen:

- Du forderst deinen Partner auf, dir sein Geschlechtsorgan in einem symbolischen Ritual zu übereignen. Dabei wird besonders deutlich, dass zukünftig (oder zumindest für den vereinbarten Zeitraum) nur noch du über den sexuellen Gebrauch dieses Organs bestimmen wirst. Das kannst du besonders deutlich machen, indem du von diesem Organ nicht mehr als »dein Schwanz« oder »deine Möse«, sondern von »mein Schwanz« und »meine Möse« sprichst. Das mag im ersten Moment albern klingen, aber je selbstverständlicher du diese Formulierung benutzt, desto klarer zeigst du, dass du dieses Organ in Besitz genommen hast.

- Um deinen Partner im Zustand sexueller Erregung zu halten und ihm zugleich seine Machtlosigkeit deutlich zu machen, kannst du – vor allem wenn du eine Frau bist – dich immer wieder entsprechend an- beziehungsweise ausziehen. Während es fies, aber vermutlich unrealistisch wäre, dass du in eurer Wohnung jetzt nur noch nackt herumläufst, kannst du dich immerhin für knappe, durchsichtige oder anderweitig aufreizende Kleidung entscheiden, um die gefangene Lust deines Partners anzustacheln. Auch eine offene Bluse oder ein offener Bademantel können dazu beitragen. Du wirst selbst am besten wissen, was deinen Partner am ehesten heißmacht.

- Vielleicht möchtest du die Anspannung, unter der dein Partner steht, dadurch verstärken, dass du ihm verbietest, dich zu berühren.

- Aber auch die umgekehrte Strategie kann wirkungsvoll sein: Durch gelegentliche Berührungen oder indem du öfter mal dicht an deinem Partner vorbeistreifst, fachst du seine Erregung vermutlich noch weiter an. Erst recht, wenn das Flüstern heißer Worte dazukommt …

- Noch fieser wäre es, wenn du deinen Partner aufforderst, dich zu massieren, in der Wanne oder unter der Dusche einzuseifen, danach abzutrocknen und anzukleiden. Wenn er das tut, spürt er deinen Körper unter seinen Händen, ohne so reagieren zu können, wie er gern möchte. Weigert er sich, kannst du ihn bestrafen, indem du die Dauer seiner Keuschhaltung verlängerst. Das bringt deinen Partner in ein tückisches Dilemma.

- Hat dein Lover einen Fetisch, der ihn besonders erregt? Dann möchtest du diesen Fetisch vielleicht einsetzen, nachdem du deinen Partner auf eine hohe Stufe der Erregung getrieben hast. Ein Mann, der auf Höschen abfährt, beschreibt diese Praktik so: »*Meine Hände sind gefesselt, so dass ich sie oder mich selbst nicht berühren kann. Meine Partnerin schmiegt ihren Körper gegen meinen, dann reibt sie meine Schwanzspitze mit dem Schoß ihrer Höschen bis kurz bevor ich komme. Nachdem sie das ein dutzend Mal gemacht hat, steigt sie ab und lässt mich mit einem Paar Höschen bekleidet und einem zweiten Paar über meinem Gesicht in der Ecke stehen. Währenddessen trinkt sie ihren Kaffee und schaut ihre Daily Soaps.*«

- Sobald dein Partner zeigt, wie schwer es ihm fällt, seine Erregung zurückzuhalten, kannst du dich über seine Geilheit und seine mangelnde

Selbstbeherrschung lustig machen. Du könntest in solchen Situationen ironisches Mitleid zeigen oder ihm verdeutlichen, dass du dich im Gegensatz zu ihm jederzeit Befriedigung verschaffen kannst, wann immer du möchtest. Zieh ihn mit seiner Verzweiflung auf und sage ihm, wie amüsant du seine Situation findest. Wenn dein Partner auf solche Demütigungen steht, dürfte ihn dieses Verhalten nur noch schärfer machen.

- Wenn du deinen Partner in einem Keuschheitsgürtel hältst, ist es psychologisch nicht weniger wirksam, den Schlüssel ständig sichtbar bei dir zu tragen – beispielsweise an einer Kette um deinen Hals oder um dein Hand- beziehungsweise dein Fußgelenk. So wird dein Partner immer, auch wenn ihr in der Öffentlichkeit miteinander unterwegs seid, daran erinnert, dass nur du ihn aus seiner Lage befreien kannst und er deshalb dir gegenüber so fügsam wie möglich sein sollte. Ab und zu mit dem Schlüssel herumzuspielen, vielleicht kurz darüberzulecken, kann diesen Effekt verstärken.

- Besonders demütigend kann es für deinen Partner sein, wenn er den Schlüssel zu seinem Gürtel einem seiner Freunde (männlich oder weiblich) zur Aufbewahrung geben muss. Diesen Freund/diese Freundin kannst du selbst auswählen, das aber auch deinem Partner überlassen.

- Bist du nicht oft genug in seiner Nähe, um seine Erregung auf einem hohen Niveau zu halten, kannst du ihm diese Aufgabe auch selbst überantworten. Eine dominante Frau berichtet in einem online gestellten Beitrag, wie sie dafür in ihrer Beziehung einen »Masturbationsplan« für ihren Partner erstellt hat, den sie immer wieder der aktuellen Situation gemäß anpasst:

- *»Manchmal füge ich etwas Neues hinzu, entferne etwas, das nicht mehr so viel Spaß macht, oder passe es an entspannte oder erhöhte Zeitbeschränkungen an. Derzeit masturbiert mein Ehemann 20 Minuten lang, wenn wir morgens aufwachen. Wenn er dem Orgasmus nahe kommt, soll er für eine Minute aufhören, bevor er weitermacht. Auch hier darf er nicht kommen. Ich gehe vor ihm zur*

Arbeit, also bereite ich mich in dieser Zeit vor, aber ich bin nah genug, um nach ihm zu sehen. Er muss abends noch einmal 20 Minuten masturbieren. Wie zuvor, mit einer Minute Pause, wenn er dem Orgasmus zu nahe kommt. Du kannst auch eine Masturbationssitzung für deinen Partner in der Mittagspause einplanen, aber mein Liebster trägt einen Keuschheitsgürtel bei der Arbeit, sodass dies für uns keine Option darstellt. Wenn er einen schlechten Tag hatte, launisch ist oder ich anderweitig der Meinung bin, dass er seine Einstellung ändern muss, lasse ich ihn so schnell wie möglich für weitere 20 Minuten masturbieren. Ich bezeichne eine Masturbationssitzung in der Öffentlichkeit als ›Training‹. So kann ich Dinge sagen wie: ›Wenn wir nach Hause kommen, solltest du besser trainieren‹.«

- Vielleicht möchtest du auch gemeinsam mit deinem Partner einen Erotik-Shop besuchen, wo du ein neues Sex-Toy für dich kaufst: zum Beispiel einen Vibrator, mit dem du dich später verwöhnst, während dein Partner nur zuschauen darf.

- Noch gemeiner ist es, wenn du deinen männlichen Partner aufforderst, sich eine sogenannte Penishülle zu besorgen. (So etwas gibt's sogar bei Amazon). Wenn er dieses Utensil um sein bestes Stück trägt, kann er dich damit vögeln, spürt jedoch dort selbst kaum etwas und gelangt deshalb nicht zum Orgasmus. Aber natürlich spürt er deinen Körper und wie du dich unter ihm in Ekstase windest, was ebenfalls dazu beitragen dürfte, seine hilflose Lust zu verstärken. Wenn du möchtest, kannst du ihn zusätzlich dadurch demütigen, dass du dich begeistert darüber zeigst, wie viel toller der Sex mit dieser Umhüllung für dich ist als mit seinem kleineren und ohnehin nutzlosen Penis … Wenn du dir keine Penishülle anschaffen möchtest, kann ein Umschnall-Dildo eine ähnliche Wirkung entfachen – oder mehrere Kondome, die du deinem Partner einen nach dem anderen überstreifst. Während dein Partner so kaum etwas fühlen kann, das reicht, ihn zum Höhepunkt zu bringen, kannst du, wenn du dazu in der Lage bist, sogar mehrere Orgasmen nacheinander genießen.

- Schließlich kannst du deinen Partner auch demütigen, indem er sich den Zeitpunkt seines letzten Orgasmus zu merken hat und ihn dir immer mitteilen muss, wenn du dich danach erkundigst – auch wenn sich andere Menschen in Hörweite befinden.

Mit welchen Aktionen und Spielen kannst du Keuschhaltung aufpeppen?

Wenn es deinen Partner scharfmacht, beim Sex gedemütigt zu werden, kannst du ihm seine seltenen Orgasmen auch nur dann erlauben, wenn sie unter entwürdigenden Umständen stattfinden. Beispielsweise darf sich dein Partner nur zum Orgasmus bringen, …

- wenn er sich an einem öffentlich zugänglichen Ort befindet. (Hier solltest du darauf achten, dass niemand anderes und schon gar keine Kinder das mitbekommen können.)

- wenn er dabei noch vollständig bekleidet ist.

- nachdem du ihm oder ihr die Hände hinter dem Rücken gefesselt hast. Er wird sich also an Gegenständen reiben müssen, um zu kommen.

- indem er oder sie sich an deinem Bein (oder dem eines eingeweihten Freundes/einer bereitwilligen Freundin) reibt.

- indem er sich hinter dich kniet (du stehst dabei) und seinen Penis zwischen deinen Schenkeln vor und zurück bewegt, während er deinen Hintern küsst.

- indem er seinen Penis zwischen deiner Fußsohle und einem Gegenstand vor und zurück bewegt, auf den du deinen Fuß gestellt hast.

- indem er seinen Penis zwischen deinen Füßen vor und zurück bewegt.

Möglicherweise kommst du auf den Gedanken, die Erniedrigung deines Partners mit deinem Smartphone aufzunehmen. Du kannst ihm dann auch im Scherz damit drohen, die Aufnahmen online zu stellen, damit jeder sehen kann, auf welche Weise er inzwischen Sex hat. Tatsächlich solltet ihr aber die Aufnahmen danach besser gemeinsam löschen, damit sie im Fall einer Trennung im Streit niemand als »Racheporno« benutzen kann.

Wenn dein Partner männlich ist, kannst du mit den folgenden Aktionen das Keuschheitsspiel verschärfen:

- Du erlaubst ihm, dich durch Geschlechtsverkehr zum Orgasmus zu bringen, aber er selbst darf dabei nicht kommen. Wie er das anstellt, ist sein Problem.

- Du lässt ihn entscheiden, ob er von dir noch zwei Wochen keusch gehalten wird oder ob er sich gleich zum Orgasmus bringen darf – dann aber nur, nachdem er seine Hoden zwei Dutzend mal mit der flachen Hand fest geschlagen hat.

Unterhaltsam kann es auch sein, deinen Partner, nachdem er sich lange gedulden musste, urplötzlich unter erheblichen Zeitdruck zu setzen. Auch hierfür einige Beispiele:

- Du drückst ihm gerade dann, wenn er gar nicht damit rechnet und eigentlich etwas anderes vorhat, den Schlüssel zu seinem Keuschheitsgürtel in die Hand und sagst ihm, dass er jetzt zwei Minuten Zeit habe, zu kommen. Nach diesen zwei Minuten wird er wieder weggeschlossen, ob er Erfolg hatte oder nicht.

- Ihr besucht zusammen ein Restaurant und du gibst deinem Partner urplötzlich fünf Minuten Zeit, sich zum Orgasmus zu bringen. Er muss also erst einmal so schnell wie möglich in die nächste Toilette gelangen. Falls er es nicht rechtzeitig zurück schafft, kannst du ihn dafür bestrafen.

- Während man die letzten beiden Spiele zur Not auch ohne Keuschheitsgürtel spielen kann, ist das bei der folgenden Aktion nicht möglich: Du bereitest eine Lasagne zu und legst ganz unten in die Auflaufform den Schlüssel. Wenn die Lasagne servierfertig ist, holst du deinen Partner, zeigst auf die Lasagne im immer noch heizenden Backofen, sagst ihm, dass darin der Schlüssel steckt und du ihm drei Minuten Zeit gibst … Ja, es ist ein bisschen schade um die schöne Lasagne.

Es gibt viele weitere Spiele und Aktionen, mit denen du deinen Partner in emotional herausfordernde Situationen bringen kannst. Manche davon sind nur bei Männern möglich, etwa weil es dabei um eine Erektion geht, andere bei beiden Geschlechtern:

- Er hat sich mit einer Hand in seinem Schoß vor dich zu knien. Wenn du »grün« sagst, darf er onanieren, sobald du »rot« sagst, hat er zu stoppen. Seine Aufgabe ist es, gleichzeitig deinen Anweisungen zu folgen und einen Orgasmus zu vermeiden. Natürlich kannst du ihn automatisch verlieren lassen, indem du ihn permanent auf der Stufe »grün« hältst, aber es kann reizvoller für dich sein, zu lernen, wie du ihn immer wieder dicht an die Grenze bringst, ohne dass ein Malheur passiert. Wenn du das vorhast, hilft es, wenn dein Partner auf einer Zahlenstrecke von 1 bis 10 angeben muss, wie nah er seinem Höhepunkt ist. Dabei muss er, wenn er die Stufe 9 überschreitet, in den Dezimalbereich übergehen, also 9,1, dann 9,2 und so weiter. Wenn er etwa 9,9 angibt, würde das bedeuten, dass er selbst dann im nächsten Moment käme, wenn er ab sofort jede Stimulierung beenden würde. Du kannst dir nicht nur einen Spaß daraus machen, deinen Partner zum Schwitzen zu bringen, indem du ihn möglichst lange auf einer möglichst hohen Stufe hältst – sondern lernst darüber hinaus etwas über seine sexuellen Reaktionen im Zustand äußerster Erregung. Dieses Wissen kannst du bei weiteren Keuschheitsspielen einsetzen.

- Du setzt deinen Partner vor einen pornografischen Film von der Sorte, die ihn normalerweise besonders erregt. Dein Lover hat eine Erektion unter Androhung einer Strafe zu vermeiden.

- Du verwöhnst deinen Partner mit sinnlichen Berührungen – streicheln, küssen, beißen, lecken und so weiter –, schärfst ihm aber ein, dass er sich dabei nicht rühren darf. Sobald er sich in irgendeiner Form bewegt, brichst du ab und vollziehst eine vorher angekündigte Strafe. Hierbei ist eine Erektion erlaubt, weil das Spiel für deinen Partner sonst kaum zu gewinnen wäre. Noch schwieriger wird es für deinen Partner vermutlich, wenn du ihn in dich eindringen lässt. Diese Aufgabe ist schon unter normalen Umständen schwer zu bewältigen – nach mehreren Tagen Keuschhaltung gilt das erst recht.

- Du legst einen grünen und zehn rote Smarties in einen Behälter. Grün steht für einen erlaubten Orgasmus, rot für ein Verbot. Du ziehst einen dieser Schokobonbons, zeigst ihn deinem Partner aber nicht. Daraufhin bringst du deinen Partner immer näher an die Grenze zum Orgasmus. Er kann nicht abschätzen, ob auf ihn ein erlösender Höhepunkt oder erneute Frustration wartet. Ist Letzteres der Fall, kannst du ihn mit dem Smartie trösten – und mit dem Hinweis, dass seine Chancen immer mehr steigen, da du den Behälter nicht neu auffüllen wirst. Ihr könnt das Spiel verschärfen, indem du deinem Lover nur eine kurze Zeitspanne bis zum Orgasmus lässt, wenn du den grünen Smartie enthüllst. Schafft er es in dieser Zeitspanne nicht, wird sein Penis unverrichteter Dinge wieder weggesperrt.

- Du lässt deinen Partner nackt in deiner Wohnung niederknien und gehst kurz weg, beispielsweise um ein paar Kleinigkeiten einzukaufen. Bevor du gehst, erteilst du ihm die Aufgabe, sich so am Rande eines Orgasmus zu halten, dass er innerhalb von dreißig Sekunden kommen kann, sobald du die Wohnung wieder betrittst.

- Eine Variante: Dein Partner hat sich mit hinter dem Rücken gefesselten Händen nackt in die Mitte des Raumes zu stellen. Du verhilfst seinem Penis zu einer Erektion und hängst einen Hut oder eine Mütze daran. Dann gehst du kurz weg, teilst deinem Partner aber vorher mit, dass du die Kopfbedeckung nicht auf dem Boden sehen möchtest, wenn du wiederkommst. Andernfalls würde er streng bestraft werden (zum Beispiel mit langer Keuschhaltung). Später kannst du ihn danach befragen, mit welchen Gedanken und Fantasien er es geschafft hat, seinen Penis steif zu halten.

- Eine weitere Variante: Du schließt deinen nackten Partner in einen Raum deiner Wohnung ein. Dabei kündigst du an, innerhalb der nächsten Stunden immer mal wieder vorbeizuschauen, wobei du zwei Dinge erwartest: dass sein Penis hart und prall ist und dass er mittlerweile nicht gekommen ist. Vorher hast du alles aus dem Raum entfernt, mit dem man die Spuren eines Ergusses beseitigen könnte. Von jetzt ab kannst du dir einen vergnüglichen Abend machen (fernsehen, telefonieren, kurz Besuch empfangen), während dein Partner beschäftigt ist.

- Dein Partner hat sich vor dir bis kurz vor den Höhepunkt zu bringen und dich dafür um Erlaubnis zu bitten. Diese erteilst du ihm jedoch nicht, sondern forderst ihn stattdessen auf, dir den Rücken zu massieren. Danach darf er seine Erregung wieder in die Höhe treiben. Wenn er dich diesmal um Genehmigung seines Höhepunktes bittet, befiehlst du ihm stattdessen eine Massage deiner Füße. Beim dritten Mal hat er deine Füße zu lecken, beim vierten Mal deinen Schoß und so weiter, bis all deine Wünsche erfüllt sind und du ihn gnädig kommen lässt.

- Wenn dich dein Partner sehr erregt darum bittet, mit dir Sex haben zu dürfen, befiehlst du ihm stattdessen, pantomimisch mit der Luft zu vögeln, als ob es dein Körper wäre, und kommentierst dabei amüsiert bis spöttisch seine Bewegungen und Aktionen.

- Eine andere kleine Gemeinheit sähe so aus: Wenn du deinem Lover erlaubst, sich durch

Selbstbefriedigung zum Orgasmus zu bringen, muss er sich nach dem Alarmsignal einer Uhr oder eines Weckers richten: Er darf nur in jenem Zeitraum kommen, in dem es ertönt (also beispielsweise einer halben Minute). Das Spiel wird für dich witziger, wenn du deinen Partner daran gewöhnt hast, dass es eine halbe Stunde bis zum Ertönen des Alarms dauert, du die Uhr aber heimlich so einstellst, dass sich dieser Zeitraum auf eine Viertelstunde verkürzt oder auf eine volle Stunde verlängert. Im ersten Fall darfst du dabei zusehen, wie er erschreckt an Tempo zulegt, im zweiten Fall wird er immer verwirrter darüber sein, wie lange es noch dauert. Eine kleine Abwandlung: Du trainierst deinen Partner mit demselben Wecker dazu, innerhalb eines immer kürzeren Zeitraums zu kommen, um diese Zeitspanne einmal heimlich um eine Viertelstunde auszudehnen. Dein Partner, der schon einen Spurt eingelegt hatte, muss plötzlich hochgradig erregt überraschend lange durchhalten.

- Bei einem weiteren Spiel hat sich dein männlicher Partner auf dem Rücken ins Bett zu legen.

Du fesselst seine Hände über dem Kopf und stimulierst seinen Penis bis kurz vor den Orgasmus. Dann nimmst du deinen BH, knotest ein Ende fest um den Penis deines Partners, schiebst das andere Ende deinem Partner zwischen die Zähne und sagst ihm, dass Bewegungen seines Kopfes seine einzige Chance seien, sich jetzt zum Orgasmus zu bringen.

- Wenn dein Partner einen Keuschheitsgürtel trägt, kannst du dessen Schlüssel auch verstecken und deinen Lover danach suchen lassen. Du kannst es ihm leichter machen, indem du ihm kleine Tipps gibst, oder schwerer, indem er nur nach dem Schlüssel suchen darf, wenn du es nicht mitbekommst. Vielleicht möchtest du deinem Partner auftragen, dass er überall dort, wo er nach dem Schlüssel gesucht hat, die Wohnung zu putzen hat.

- Du kannst dich auch online in einem gut besuchten SM- oder Fetisch-Forum anmelden und die anderen dort danach fragen, wie lange dein Partner noch keusch gehalten werden soll. Sag den anderen Mitgliedern des Forums beispielsweise, dass jeder Kommentar unter deiner Frage zu einem weiteren Tag Orgasmusverbot führt. Lass deinen Partner dann dabei zusehen, wie die Zahl der Kommentare wächst. Alternativ dazu kannst du die anderen Mitglieder auch darüber abstimmen lassen, wie lange du deinen Partner noch keusch hältst oder welche von mehreren Gemeinheiten, die du vorschlägst, ihm angetan werden soll. Danach kannst du deine Hände in Unschuld waschen: Schließlich war es nicht deine Entscheidung, sondern die wildfremder Leute.

Wie bedienst du geschickt das Kopfkino deines keuschen Partners?

Aus allem, was ich bisher ausgeführt habe, dürfte klar geworden sein: Der keusch gehaltene Partner gerät im Laufe der Zeit in einen mentalen Zustand, in dem sein Denken leicht beeinflussbar ist. Für diesen Partner ist es dann verhältnismäßig einfach, mit simplen Methoden noch größere Lust zu entfachen.

Das kann schon durch geschickt gewählte Formulierungen im erotischen Gespräch gelingen. Als die Mitglieder eines Keuschheitsforums die heißesten

Sätze der Person sammelten, die den Schlüssel zu ihrem Keuschheitsgürtel besaß, gehörten dazu die folgenden:

- »Ich kann mich echt nicht daran erinnern, wo ich den Schlüssel hingesteckt habe.«
- »Stell dir vor, du bist achtzig Jahre alt … und immer noch eingeschlossen in dieses Ding.«
- »Es sind nur noch 125 Tage bis Weihnachten.«
- »Es ist nicht so, als ob du die Wahl hättest, wie oft du mich leckst …«
- »Wir müssen den Schlüssel nicht mit in den Urlaub nehmen, oder?«
- »Du hast keine Erlaubnis mehr, um einen Orgasmus zu betteln.«
- »Ich kriege dich noch so geil, dass du eine Wand ficken könntest.«

Hier zeigt sich, dass die Äußerungen nicht unbedingt realistisch sein müssen. Irgendwie hat man noch jeden Keuschheitsgürtel aufbekommen. Aber wohlformulierte Sätze reichen schon aus, um die Angstfantasien im Kopfkino zu aktivieren. Vor allem wenn man sich tatsächlich in einer unterwürfigen Position befindet, klingen auch unrealistische Drohungen so, als wären sie wirklich umsetzbar. In der Regel leistet der unterwürfige Partner auch keinen gedanklichen Widerstand, sondern akzeptiert solche Szenarien gern, weil er Machtlosigkeit und Demütigungen als lustvoll empfindet.

Aus diesem Grund kannst du deinem Partner auch schlimme Dinge ankündigen, von denen ihr beide eigentlich wisst, dass du sie nicht wirklich umsetzen kannst.

Einige Beispiele:

- »Dein Schwanz ist nutzlos. Ich werde dich zukünftig in Frauenklamotten halten und eine Hormontherapie machen lassen, bis du selbst nicht mehr weißt, ob du eine Frau oder ein Mann bist.«

- »Ich habe endlich einen Mann gefunden, von dem ich mich durchvögeln lassen kann, während dein Schwanz weggesperrt ist. Wir werden dich wie ein Haustier halten. Wenn immer er hier zu Besuch kommt, ist die obere Etage mit meinem Schlafzimmer für dich tabu. Nächstes Wochenende verreisen wir nach Nizza und du wirst dafür bezahlen, wenn du dieses Jahr irgendwann noch mal kommen möchtest.«

- »Morgen Abend werde ich dich nackt und auf Knien meinen Freundinnen/Freunden vorführen und dich ein paar Stunden lang etliche Male bis kurz vor den Orgasmus onanieren lassen. Das wird ein Riesenspaß!«

- »Ich habe beschlossen, meine Freundin Natascha/meinen Kumpel Jürgen anzurufen und sie/ihn zu fragen, wie lange ich dir deinen Orgasmus noch verweigern soll.«

- »Ende des Monats gebe ich eine Party. Du wirst unser Ehrengast sein: nackt, auf Knien und mit verbundenen Augen. Wann immer dich jemand berührt, wirst du dich an den Rand des Orgasmus bringen. Es werden auch ein paar Leute kommen, die du kennst, aber du wirst niemals erfahren, wer es ist.«

- »Ich finde deine Kollegin Sabine/deinen Kollegen Christian sehr nett. Wir haben uns neulich übrigens unterhalten, ob ich ihr/ihm nicht mal für ein halbes Jahr den Schlüssel zu deinem Gürtel leihen soll. Dann kann sie/er dich so lange unterwerfen.«

- »Wenn wir nachher in den Club fahren, wirst du zu jeder heißen Frau dort gehen, die ich dir zeige, und ihr sagen, dass du einen so lächerlich kleinen Penis hast, dass ich ihn weggeschlossen habe. Danach wirst du sie fragen, wie lange ich dich noch so gefangen halten soll.«

- »Du bist nie so gefügig, wie wenn dein Schwanz weggeschlossen ist. Vielleicht ist es wirklich am besten, wenn ich das Schlüsselloch deines Gürtels mit Sekundenkleber fülle.«

Die tatsächliche Umsetzung all dieser Fantasien kann zu ernsthaften Schädigungen persönlicher Beziehungen führen oder Menschen in intime Angelegenheiten einbeziehen, die das von sich aus gar nicht möchten.

Wenn du allerdings über einen Kreis von Freundinnen verfügst, die deinem Partner bei der Orgasmuskontrolle zusehen möchten, das für ihn okay geht und eine solche Aktion keine üblen Konsequenzen für sein zukünftiges Sozialleben haben dürfte, kannst du gern auch ein derart extremes Spiel in Erwägung ziehen. Vielleicht hast du auch eine gute Freundin, die über eure sexuellen Spiele Bescheid weiß und kein Problem damit hat. Dann kann dein Partner sie durchaus am Telefon danach fragen, wann er sich endlich wieder selbst zum Orgasmus bringen darf.

Allerdings macht das Einbeziehen Dritter ein ohnehin schon brisantes Spiel oft noch ein gutes Stück heikler. Hält zum Beispiel deine Freundin wirklich Außenstehenden gegenüber dicht oder muss dein Partner befürchten, zukünftig in komplett unerotischen Zusammenhängen bloßgestellt zu werden?

Was ist ein Keuschheitsgürtel – und welche ähnlichen Sex-Toys gibt es?

Ein Keuschheitsgürtel ist ein Sex-Toy, das eine Frau oder ein Mann um den Unterleib trägt und das den Zugriff zu den Genitalien verhindert. Auf diese Weise kann eine Person die Geschlechtsteile ihres Partners als ihren »Besitz« markieren. Hierbei dürfte dieser

Partner immer gefügiger werden, weil er hofft, dann von diesem Gürtel befreit zu werden. Unbeabsichtigt kann das allerdings auch zum gegenteiligen Effekt führen: Warum sollte man jemanden aus einem Gürtel befreien, der ihn besonders fügsam macht? Das so entstehende Dilemma für den Gürtelträger macht einen weiteren psychologischen Reiz solcher Spiele aus.

Der typische Keuschheitsgürtel besteht bei beiden Geschlechtern aus einem Band um die Hüfte und einem an der Vorderseite angebrachten Schild, das den Schoß bedeckt. Beim Modell für Männer gibt es hinter dem Schild noch eine Röhre, in die der Penis geschoben wird. Sie macht eine Erektion in der Regel unmöglich. Ein Sicherheitsschloss verhindert, dass sich der Gürtel öffnen lässt. Nur zum Entleeren der Verdauungsorgane sind Öffnungen eingearbeitet. Oft ist das Tragen eines solchen Gürtels anfangs sehr gewöhnungsbedürftig, aber mit der Zeit kann man darin die üblichen Bewegungen relativ ungehindert ausführen. Es ist auch überraschend leicht möglich, einen solchen Gürtel unter der normalen Alltagsbekleidung verborgen zu halten.

Manche Keuschheitsgürtel verfügen über zusätzliche Gimmicks. Einige Beispiele:

- Ein Dildo oder Analdildo, der den Träger sexuell stimuliert und seine Erregung verstärkt.

- Eine Vorrichtung zur Elektro-Stimulation, sodass man dem Träger per Funk Stromstöße unterschiedlicher Stärke verpassen kann.

- Handschellen, um die Arme daran zu fesseln.

- Kleine Dornen in der Penisröhre, um Erektionen zu »bestrafen«.

- Schenkelspreizer, um eine weibliche Trägerin davon abzuhalten, sich durch das Zusammenpressen ihrer Beine zum Orgasmus zu bringen, was manchen Frauen möglich ist.

- Drahtlose Technologie, sodass man den Träger mittels einer App befreien kann.

Als Alternative zum Keuschheitsgürtel gibt es für Männer auch einen Peniskäfig: Hierbei wird um die Hoden ein Ring gelegt und der Käfig mit Stiften daran befestigt. Jeder Versuch einer Erektion übt nun einen unangenehmen Zug auf die Hoden aus. So ein Käfig ist leichter, diskreter und preisgünstiger als ein Keuschheitsgürtel, auch die Belüftung und Reinigung der Intimzonen funktioniert hier besser.

Keuschheitsvorrichtungen sind unterschiedlich designt. Diejenigen mit einem offenen Ende oder Gitterstäben statt einer durchgehenden Hülle erlauben eine bessere Belüftung sowie leichteres Urinieren und Waschen. Accessoires, die die Intimzone dicht umschließen, haben den Vorteil, dass der Träger seine Genitalien nicht einmal berühren kann, was vielen von ihnen einen besonderen erotischen Kick verschafft. Es gibt auch Modelle, die komplett dicht sind. Da man damit nicht auf Toilette gehen kann, sind sie nur für kurze Spiele zu verwenden.

Wo findest du empfehlenswerte Produkte, wenn diese Beschreibungen dein Interesse geweckt haben? Auch Amazon hat in diesem Bereich schon einiges zu bieten (zum Beispiel unter Suchbegriffen wie »Herren-Schutzring« oder »Keuschheitskäfig«), aber Fachleute raten mit Nachdruck dazu, sich ein solches Sex-Toy auf den Leib schneidern, also nach den eigenen Körpermaßen entwerfen zu lassen. So erklärt Jürg Bucher in seinem Ratgeber »Keuschheit für Männer«:

»Bei eBay oder Amazon werden Keuschheitsgürtel aus Metall für um die 100 bis 150 Euro angeboten. Ich kann vor dem Kauf solcher Gürtel nur warnen. Das Material ist viel zu dünn, schneidet in die Haut ein, die Schutzbeschichtung sorgt oft für Hautirritationen und

das Material rostet. Vollkeuschheitsgürtel müssen auf Maß gefertigt werden und das hat nun mal seinen Preis.«

Dieser Preis beginnt bei etwa 600,- Euro (je billiger, desto weniger sicher), und da der Gürtel individuell angefertigt werden muss, kann seine Lieferung mehrere Wochen dauern. Immerhin kommen die besten und bekanntesten Hersteller im europäischen Raum aus Deutschland. Zu ihnen zählen Mysteel (my-steel.de), Neosteel (neosteel.de), Gerecke (gerecke-kg.de) und Latowski (latowski.de). Jürg Bucher rät zu einem Besuch der Verkaufsräume von Neosteel bei Frankfurt, empfiehlt aber auch Keuschheitsgürtel von Latowski, die besonders sicher seien, da hier der Penis mitsamt den Hoden in einer Kammer verstaut wird. Seiner Ansicht nach ist der Beginn der Keuschhaltung allerdings mit Peniskäfigen wie einem Birdlocked, Holy Trainer oder CB6000 am sinnvollsten.

Generell stehst du vor der Entscheidung, welches Material du für einen Keuschheitsgürtel wählen solltest. Angeboten werden vor allem Leder, Metall, Silikon und Plastik. Leder sieht zwar sexy aus, ist aber porös und nur schwer zu reinigen und zu sterilisieren, sodass es sich für eine Langzeitverwendung nicht anbietet. Ein Gürtel aus Silikon oder Plastik ist angenehm zu tragen, weil er den Penis dicht umschmiegt, er wiegt wenig und du kannst ihn im Notfall sogar mit einer Küchenschere öffnen. Allerdings bedeutet der enge Hautkontakt auch, dass du deinen Unterleib nur schwer reinigen kannst, wenn du einen solchen Gürtel trägst. Ideal ist mit Blick auf die Körperhygiene ein Gürtel aus Metall, in dem du zum Beispiel auch problemlos duschen kannst. Am besten geeignet sind hier Stahl oder Titanium, weil hier das Risiko einer Allergie oder Vergiftung niedrig ist. Die Nachteile von Metallgürteln liegen vor allem im Gewicht und in den Kosten.

Um bei dieser Vielzahl von Möglichkeiten eine vernünftige Wahl treffen zu können, empfiehlt es sich, ein wenig im Internet zu stöbern, wie die verschiedenen Modelle von ihren Trägern bewertet werden. Schau einfach mal, ob du eine Empfehlung findest, die mit deinen Wünschen und Bedürfnissen übereinstimmt.

Es gibt für Männer wie für Frauen übrigens auch die Möglichkeit eines Keuschheitspiercings, um ihre Genitalien zu verschließen. Bei Frauen dient dann ein Ring oder eine andere Vorrichtung dazu, die Schamlippen zusammenzuhalten, vaginalen Geschlechtsverkehr zu unterbinden und die Stimulation der Klitoris zu erschweren. Bei Männern kann zum Beispiel die Verbindung eines Prince-Albert-Piercings (sitzt am

Eichelkranz) mit einem Guiche-Piercing (sitzt hinter den Hoden) die Erektion verhindern. Genitalpiercings, die mit einem Keuschheitskäfig verkettet werden, sorgen dafür, dass er an Ort und Stelle bleibt.

Worauf es hier aber am meisten ankommt, verrät die Domina Princess Kali nach langjähriger Erfahrung:

»Man kann das Geschirr zum Fetisch machen und als hilfreiches Werkzeug verwenden, aber wenn der weggeschlossene Sklave keine mentale und emotionale Verpflichtung zur Keuschheit empfindet, kann ihn kein Geschirr der Welt von der Selbstbefriedigung abhalten. Manche können sogar zum Orgasmus gelangen, während sie ein solches Geschirr tragen. Ich hatte einen Sklaven jahrelang weggeschlossen, und er hatte Orgasmen, während wir einkaufen gingen. Er kann kommen, ohne sich anzufassen, weil das eine psychologische Reaktion ist. Auch feuchte Träume, also ein Samenerguss im Schlaf, sind mit diesem Geschirr am Leib möglich.«

Wie gehst du geschickt mit einem Keuschheitsgürtel um?

Bei der Frage, wie man mit einem Keuschheitsgürtel umgeht, damit es möglichst wenig unerwünschte Komplikationen gibt, muss einem als Erstes klar werden, dass es hier kein festes Regelwerk gibt. Alles, was uns hier vorliegt, sind Berichte von Menschen, die mit solchen Gürteln Erfahrungen gesammelt haben. Hier zeigt sich: Was bei dem einen gut klappt, funktioniert bei einem anderen überhaupt nicht. Deshalb bleibt dir letztlich nichts anderes als Versuch und Irrtum, um herauszufinden, was dir persönlich besonders guttut. Da sich dieses Buch an Anfänger richtet, haben die folgenden Ratschläge ihr Schwergewicht auf der vorsichtigen Seite.

- Beim Anlegen des Gürtels kann es hilfreich sein, Vaseline oder ein Gleitmittel zu benutzen. Experimentiere mit verschiedenen Produkten, bis du herausfindest, welches dir am meisten zusagt.

- Wenn das Anlegen des Gürtels nicht klappen will, weil sich jedes Mal unwillkürlich dein Penis versteift, helfen gymnastische Übungen, die dein Blut in andere Körperteile fließen lassen, Eiswürfel oder intensives Denken an Dinge, die komplett unerotisch sind.

- Falls du zum ersten Mal einen solchen Gürtel trägst, kannst du den Schlüssel ruhig bei dir behalten, sodass du die Sicherheit hast, dieses Accessoire jederzeit ablegen zu können, wenn dich irgendetwas ernsthaft stört. Sobald du feststellst, dass du mit dem Gürtel gut zurechtkommst, kannst du den Schlüssel deinem Partner übergeben.

- Wenn du derjenige bist, dem der Schlüssel übergeben wird, nutze die psychologische Wirkung dieses Moments, indem du nette Dinge sagst wie »Du hast keine Ahnung, wie lange ich deine Muschi diesmal weggesperrt halten werde« oder deinen Partner aufforderst, dir für seine Keuschhaltung zu danken.

- Es ist sinnvoll, dem keusch gehaltenen Partner einen Ersatzschlüssel zu übergeben, der immer griffbereit ist. In einem Notfall wäre es fatal, wenn Helfer erst den Gürtel aufsägen müssten. Um sicherzustellen, dass sich dein Partner nicht ohne Not mit seinem Zweitschlüssel befreit, gibt es verschiedene Methoden: Du kannst ihn zum Beispiel in einem Briefumschlag versiegeln oder mit einem Klebestreifen auf einem Zettel befestigen, worüber du deine Unterschrift setzt.

Dein Partner käme dann an den Schlüssel, aber du würdest es wissen, da dein Partner den ursprünglichen Zustand nicht wiederherstellen kann. Du kannst den Schlüssel auch in einen Koffer mit einem Kombinationsschloss legen: Wenn dein Partner die Nummer benötigt, kann er dich anrufen.

- Wenn du den Gürtel zum ersten Mal ausprobierst, beobachte aufmerksam, wie gut er passt. Drückt oder reibt er irgendwo? Kannst du dich gut darin bewegen, gehen und Dehnübungen machen? Wenn nein, solltest du den Gürtel so anpassen, dass all das störungsfrei möglich ist. Vergiss aber nicht, dass so ein Gürtel schon wegen seinem Gewicht einiges an Gewöhnung erfordert. Trag ihn ruhig erst mal nur eine Stunde lang, dann mehrere, dann über Nacht und schließlich einen ganzen Tag lang. Viele Menschen benötigen einen Monat oder länger, bis sie körperlich und psychisch mit so einem Gürtel zurechtkommen.

- Wenn du mit diesem Gürtel auf Toilette gehst, solltest du dich auch als Mann lieber hinsetzen, um keine Schweinerei zu hinterlassen. Tupfe dich danach durch die Öffnungen des Gürtels so gut wie möglich mit Toilettenpapier ab.

- Das Schlafen mit einem Keuschheitsgürtel stellt eine besondere Herausforderung dar. Die Partnerin eines Gürtelträgers schildert das so:

- *»Männer neigen zu nächtlichen und morgendlichen Erektionen. Es bedarf eines speziellen Trainings, um einschlafen und aufwachen zu können, während sie in einem Keuschheitskäfig eingesperrt sind. Die Unterwürfigen, die ich über lange Zeiträume hinweg in Keuschheit eingesperrt hatte, haben es unglaublich schwierig gefunden, sich an das Schlafen mit einem solchen Käfig zu gewöhnen. Er kann mehrere schlaflose Nächte verursachen. Die schlaflosen Nächte, kombiniert mit Teasing and Denial durch mich selbst, führen zu einem unvermeidlichen weiteren Zusammenbruch der Abwehrkräfte des Mannes. Ich stelle fest, dass der eingesperrte Mann während und nach dieser Zeit als mein Unterwürfiger immer formbarer und immer offener dafür wird, alles zu tun, was ich ihm als Aufgabe auferlege.«*

- Womöglich ist dir aber besserer Nachtschlaf doch lieber, als dass dich deine Partnerin wegen deines Schlafmangels noch besser steuern kann. Auch hier bleibt dir nichts anderes übrig, als selbst herauszufinden, was dir am besten tut. Manchen Gürtelträgern hilft es, wenn sie vor dem Einschlafen wenig trinken und ihre Blase entleeren, anderen, auf der Seite zu schlafen. Einige Männer berichten, dass sie anfangs alle zwei Stunden wegen einer unterdrückten Erektion aufgewacht sind, sich ihr Körper aber nach ein paar Monaten daran gewöhnt hat und sie inzwischen problemlos sechs bis acht Stunden durchschlafen können. Deshalb empfehlen sie, den Gürtel nur abzunehmen, wenn es ernsthaften Grund zur Sorge gibt, also beispielsweise echte Schmerzen auftreten.

- Auch wenn du einen Keuschheitsgürtel trägst, solltest du deinen Unterkörper täglich reinigen, um Infektionen zu vermeiden. Die nötigen Öffnungen dafür sind vorhanden, du benötigst nur ein wenig Einfallsreichtum und Geschick. Auch hier findet jeder seine eigene Methode: Manche benutzen eine Sprühflasche, um Wasser und

Seife an ihren Schoß gelangen zu lassen, andere verwenden Wattestäbchen (Q-Tips), wieder andere legen sich in die Wanne und manche dürfen den Gürtel zum Waschen unter Aufsicht ihres Partners ablegen. Nach der Reinigung solltest du darauf achten, dass du alles wieder trocken bekommst: Hier leistet ein Föhn gute Dienste.

- Einmal pro Woche ist es sinnvoll, den Gürtel abzunehmen, um deinen Unterleib gründlich zu waschen. Bei dieser Gelegenheit kannst du ihn auf Abschürfungen, Hautirritationen und alles andere absuchen, das problematisch sein könnte. Natürlich ist es auch möglich, dass dich dein Partner fesselt und dann das Waschen selbst übernimmt. Bei dieser Gelegenheit kann es hilfreich sein, dein Schamhaar zu schneiden, damit es sich nicht im Gürtel verfängt.

- Wenn du einen Metallgürtel trägst, solltest du bei Sicherheitskontrollen am Flughafen mit Metalldetektoren eine kurze Erklärung dafür parat haben. Die meisten Beamten dürften sich für Details deines Intimlebens nicht interessieren. Sag ihnen zum Beispiel, dass es sich um ein Sex-Toy handelt und dass sie bei näherem Interesse danach googeln sollen. Ignoriere oder genieße eventuell irritierte Blicke.

- Die meisten Sportarten sind auch mit einem Keuschheitsgürtel gut durchführbar, sobald man sich daran gewöhnt hat: auch Laufen und Radfahren. Lediglich vor Kontaktsportarten wie Rugby solltest du ihn lieber ablegen.

Wann kann Keuschhaltung gesundheitsschädlich sein – und wie verhinderst du das?

Es gibt viele Menschen, die Keuschhaltung betreiben und sich fragen, ob und inwiefern diese Praktik gesundheitsschädlich sein kann. Zwar gibt es kaum medizinische Fachliteratur zu dieser Frage, trotzdem lässt sich einiges Grundsätzliches dazu sagen.

Eine der häufigsten Beschwerden, die in diesem Zusammenhang genannt wird, bezeichnet man umgangssprachlich als »Samenstau« beziehungsweise »blaue Eier«. Weit weniger bekannt sind die Fachausdrücke dafür: Der eine lautet »Vasokongestion«. Er bezeichnet einen Blutstau, der zu unangenehmen Gefühlen bis hin zu Schmerzen führen kann. Manche Urologen sprechen hier auch von »epididymaler Hypertension«. Mit sich anstauendem Samen hat das nichts zu tun: Spermien, die nicht entladen werden, löst der Körper früher oder später auf – andernfalls hätten Mönche und andere sexuell nicht aktive Männer dieselben Beschwerden.

Frauen, die im Zustand permanenter Erregung gehalten werden, haben weniger gut sichtbare Beschwerden, die manche als »blaue Eierstöcke« bezeichnen, obwohl eigentlich die Schamlippen betroffen sind.

Damit ein Mann über »blaue Eier« klagt, muss er nicht wirklich keusch gehalten werden. Schon wenn er bei einer normalen intimen Begegnung über längere Zeit eine Erektion hat (zum Beispiel weil ihn die begehrte Dame nicht zum Zuge kommen lässt), spricht mancher von diesem Problem. Es richtet allerdings kaum echte Schäden an, weil ja selbst die härteste Erektion kaum über Stunden hinweg aufrechterhalten wird. Sobald das Blut wieder fließt, gibt es auch keine »blauen Eier« mehr.

Gehört es zu einem sexuellen Spiel, eine Erektion wirklich lange aufrechtzuerhalten, gibt es mehrere Lösungen:

- Man massiert die Hoden beziehungsweise den Damm (die Zone zwischen Hoden und Hintern), damit sich das Blut nicht stauen kann. Auch ein Vibrator kann hier gute Dienste leisten.

- Man bewegt sich stark, etwa mit gymnastischen Übungen, um denselben Effekt zu erzielen.

- Manche Männer berichten, dass es ihnen hilft, wenn sie sich hinlegen.

- Anderen hilft eine kalte Dusche.

- Oder aber man hält es einfach aus. Schließlich ist es lediglich unangenehm und dauert selbst dann nicht ewig, wenn man nicht ejakuliert. Ein wenig Leiden kann nun mal zu solchen Spielen dazugehören.

Nur wenn der Fluss des Blutes dauerhaft abgeschnürt ist, beispielsweise durch einen zu engen Cockring oder Keuschheitsgürtel, kann die Sache problematisch werden. Deshalb sollte man darauf achten, dass sämtliche Sex Toys, die man an seinem Körper anlegt, auch wirklich gut passen.

Eine andere Angst, die manche Männer haben, ist, dass ihr Penis schrumpft, wenn er zu lange eingezwängt wird, also auch die natürlichen Erektionen im Schlaf ausbleiben. Diese Angst mag zunächst bizarr klingen, aber vor allem in Fantasien zur Keuschhaltung findet man immer wieder die Schilderung, dass die sadistische Herrin ihren in einem Keuschheitsgürtel gefangenen Sklaven damit zukünftig auch für spätere Frauen »unbrauchbar« macht und seiner Männlichkeit beraubt.

Dabei handelt es sich aber weitgehend nur um eine erregende Fantasie. Zahlreiche Berichte von tatsächlich über längere Zeit keusch gehaltenen Männern zeigen lediglich, dass ihr Penis nach seiner Befreiung anfangs nicht zur vollen Erektion gelangt. Die Schwellkörper müssen sich dann erst wieder daran gewöhnen, dass das Blut sie durchfließt. Das gibt sich aber. Wenn diese Sorge dich oder deinen Partner trotzdem belastet, hol den Penis ab und zu raus, damit er sich strecken kann, und pack ihn dann wieder ein.

Eine andere häufig vorkommende Frage lautet, ob es einem Menschen nicht grundsätzlich schadet, wenn er auf Orgasmen verzichten muss. Schließlich helfen Orgasmen dabei, Stress abzubauen, Schlaflosigkeit zu bekämpfen und beugen beim Mann Prostatakrebs vor.

Was die psychischen Folgen fehlender Orgasmen angeht, kann man nur sagen, dass auch diese Belastung nun mal zur Keuschhaltung dazugehört. Die Prostataflüssigkeit wiederum kann man auch abbauen, indem man die Prostata hin und wieder »abmelkt«. Wie das geht, wird ein späteres Kapitel erklären.

Bleiben als tatsächlich ernst zu nehmende, wenn auch nicht wirklich schwerwiegende gesundheitliche Probleme beim längeren Tragen eines Keuschheitsgürtels trockene und wunde Haut sowie Ödeme. Hautprobleme kann man mit einer geeigneten Pflegelotion behandeln, Ödeme entstehen eigentlich nur, wenn der Gürtel nicht richtig sitzt. Sobald deine Genitalien kälter und dunkler werden – was auf mangelnde Durchblutung hinweist – oder du kleine Verletzungen oder Druckstellen entdeckst, leg lieber mal eine Pause ein und schaue nach, ob dein Gürtel nicht doch zu eng ist. Auch eine Heilsalbe wie Bepanthen kann helfen.

Was ist ein erzwungener Orgasmus und wie führst du ihn herbei?

Er ist sozusagen das Gegenteil von Keuschhaltung: Bei einem erzwungenen Orgasmus handelt es sich um einen sexuellen Höhepunkt, den man in diesem

Moment oder in dieser Form eigentlich nicht erleben möchte, gegen den man sich aber nicht wehren kann. Ein typisches Beispiel wäre, zu einem Orgasmus nach dem anderen gebracht zu werden, obwohl man eigentlich schon übersensibel, ausgelaugt, erschöpft und vielleicht sogar wund ist. Menschen mögen dies, wenn sie zumindest ein wenig masochistisch veranlagt sind oder wenn sie sexuellen Kontrollverlust reizvoll finden.

Auch hier spielt wieder eine Rolle, wie verschieden wir Menschen sind. Nicht jeder ist zu multiplen Orgasmen in der Lage. Junge Männer benötigen zwischen mehreren Höhepunkten eine kürzere Ruhepause – die sogenannte Refraktärphase – als ältere Männer. Manche Frauen benötigen gar keine Ruhepause, sondern können mehrmals hintereinander in dichter Folge kommen.

Am einfachsten bringst du eine Frau mehrfach hintereinander zum Orgasmus, obwohl sie eigentlich schon genug hat, indem du einen wirklich funktionstüchtigen Vibrator benutzt. Auch ein sogenannter Sybian, ein sattelähnlicher Sitz mit einem Elektromotor darunter, wirkt hier Wunder: In zahlreichen Internetpornos kannst du dir anschauen, wie das aussieht, um vielleicht auf den Geschmack zu kommen. Verwendest du einen Vibrator, brauchst du deine Partnerin nur zu fesseln, den Vibrator so an ihre empfindlichste erogene Zone zu binden, dass sie ihn nicht wegschieben kann (oder ihn dort festhalten), und ihn einzuschalten. Oft gilt als Faustregel: Je größer und wirkungsvoller der Vibrator, desto heftiger und schließlich auch unangenehmer werden die Orgasmen.

Wesentlich seltener kann man lesen oder in Pornos sehen, dass auch Männer mit einem Vibrator am Schaft ihres Penis zum Orgasmus gebracht werden können – gern auch zu mehreren nacheinander, wenn ihre biologisch vorgegebene Ruhephase dazwischen nur kurz ist. Tatsächlich kannst du auch einen Mann auf diese Weise an die Grenzen des Erträglichen treiben und bis auf den letzten Tropfen »abmelken«. Insbesondere wenn dich dein Partner nach langer Keuschhaltung mit seinem Gebettel um einen Orgasmus allzu sehr genervt hat, kann das eine nachhaltige pädagogische Maßnahme darstellen.

Noch besser geeignet mag ein batteriebetriebener vibrierender Cockring sein. »Er stellt sicher, dass dein Partner auf deinen Befehl hin einen Orgasmus bekommt, ohne dass einer von euch das entsprechende Organ auch nur berühren muss«, erklärt hierzu die Autorin eines Domina-Ratgebers. »Indem du ihm die

Kontrolle über seine letzte persönliche Macht, die des Orgasmus, entziehst, erlangst du die totale Kontrolle über deinen unterwürfigen Partner.«

Wie bringst du deinem Partner bei, auf Kommando zu kommen?

Die nächste Stufe der Orgasmuskontrolle besteht darin, dass du deinem Partner beibringst, seinen Orgasmus auf ein bestimmtes Kommando oder ein anderes Signal hin zu haben. Grundlage hierfür ist das Modell der klassischen Konditionierung, das von dem russischen Mediziner Iwan Pawlow entwickelt wurde. Pawlow ließ Hunde immer den Klang einer Glocke hören, wenn er ihnen etwas zu fressen gab. Irgendwann ließ er das Fressen weg und nur die Glocke ertönen. Die Hunde begannen zu speicheln, als hätten sie gerade das leckerste Essen vor sich. Menschen, die Hunde ausbilden, arbeiten heute nach einer ähnlichen Methode.

Derselbe Mechanismus funktioniert auch bei uns Menschen. Wer zum Beispiel das Werbefoto einer Speise sieht, die er köstlich findet, dem läuft oft auch das Wasser im Mund zusammen. Und viele, die im Zweiten Weltkrieg miterlebt haben, dass Bombenabwürfen ein Sirenenheulen voranging, empfinden auch in Friedenszeiten heftige Angst, wenn sie eine Sirene hören.

Einen Menschen zum Orgasmus zu konditionieren, läuft vom Prinzip her ähnlich ab. Im ersten Schritt würdest du dabei herausfinden, durch welche Reize du deinen Partner zuverlässig zu seinem sexuellen Höhepunkt bringen kannst. Dann verknüpfst du dieses Erlebnis mit anderen Reizen. Beispielsweise könntest du versuchen, im Denken und Fühlen deines Partners einen Fetisch zu verankern. Wie ist es, wenn er über längere Zeit hinweg nur kommen darf, während du die Absätze deiner Pumps gegen seine Hoden presst? Wird er irgendwann automatisch scharf, sobald er Stöckelschuhe sieht? Wie ist es, wenn er nur kommen darf, indem er deinen Bauchnabel anstarrt, wobei du ansonsten voll bekleidet bist? Kannst du ihn so auf deinen Nabel konditionieren? Schon der Versuch ist ein fantasievolles Spiel, das sehr erregend sein kann.

»Man kann einen unterwürfigen Menschen komplett dazu bringen, dass ihn das Geräusch eines Uhrentickens aufgeilt«, verrät hierzu die Domina Princess Kali in einem ihrer Sex-Ratgeber. »Einer meiner Sklaven kann nicht mehr zum Thanksgiving zu seiner Familie gehen, weil er jedes Mal, wenn er das ›Ding!‹ der Ofenuhr hört, automatisch einen Harten bekommt. Das liegt daran, dass ich ihm vier Jahre lang nur erlaubt habe zu masturbieren, wenn eine Küchenuhr tickte.«

Eine andere Praktik, deinen Partner zu konditionieren, funktioniert mit einem Countdown. Sobald er sich an der Schwelle zum Orgasmus befindet, befiehlst du ihm, von zehn herunterzuzählen und zu kommen, sobald er die Null erreicht hat. Mit ausreichend Übung sollte das immer besser funktionieren. Vielleicht möchtest du die letzte Sekunde auch mit einem Befehl wie »Komm für mich!« verbinden, den du in dieser Situation grundsätzlich sagst. Wann immer dein Partner künftig im Zustand hoher Erregung ist, sollte dieses Kommando irgendwann ausreichen, um seinen Orgasmus herbeizuführen.

Im Laufe der Zeit kannst du deinen Partner immer besser darauf abrichten, dass er auf ein von dir ausgewähltes Signal hin kommt. Das kann ein akustisches Signal wie ein Befehl oder ein Zungenschnalzen sein, eine bestimmte Berührung oder eine festgelegte Haltung deiner Hand.

Auf einer Website über SM-Praktiken und -Erfahrungen schildert eine Frau namens Gina im Rahmen eines längeren Berichts über ihre Beziehung, wie gut es ihrem Partner gelungen ist, sie auf eine ähnliche Weise zu konditionieren. Ihr Bericht zeigt, dass dieser Ablauf nicht nur eine erotische Wunschvorstellung ist:

»Wir haben viel Zeit damit verbracht, ›Auf und Ab‹ zu üben. Das Kommando ›Auf‹ bedeutete, dass ich durch körperliche Stimulation am Rande eines Orgasmus stehen und dort bleiben würde. ›Ab‹ bedeutete, dass ich am Rande eines Orgasmus meine Empfindungen beiseiteschieben und mich wieder herunterbringen sollte. Wir gingen vom Auf und Ab durch körperliche Stimulation über zum Auf und Ab durch Stimmkontrolle ohne körperliche Stimulation.

Nun ist Orgasmuskontrolle nichts, was man überstürzen kann! Sie ist etwas, das langsam und schrittweise aufgebaut wird. Zu diesem Zeitpunkt hatten wir etwa ein Jahr lang daran gearbeitet. Eines Tages sagte mir mein Meister, ich solle für ihn kommen. Keine körperliche Stimulation, kein Hochpeitschen durch seine Worte – nur KOMM. Und zwar jetzt!!!!!

Es funktionierte! Mein Körper reagierte auf seinen Befehl. Ich war schockiert. Der Orgasmus war anders als alle anderen, die ich zuvor hatte. Er kam aus meinem Innern; nicht von etwas, das mit meinem

Körper oder meinem Geist gemacht wurde. Mein Meister befahl und mein Körper gehorchte ihm.

Als es das erste Mal geschah, war ich zu Tode erschrocken! Es ist sehr beängstigend, zu erkennen, dass jemand die Kontrolle über deinen Körper hat – selbst wenn du das willst. Die Tatsache, dass mein Meister das mit mir tun konnte, brachte mich dazu, innezuhalten und sehr intensiv darüber nachzudenken, was ich ihm gegeben habe und warum.

Diese Phase erforderte viele Gespräche. Mein Meister verbrachte viel Zeit damit, mich zu beruhigen, und drängte nicht darauf, seine neue Fähigkeit einzusetzen. Er gab mir Zeit, mich an die Idee dieser brandneuen Kontrolle, die er über mich hatte, zu gewöhnen. Nach vielen Gesprächen und beruhigenden Worten entspannte ich mich wieder und es ging auf die nächste Stufe.

Dann kam der Tag, an dem wir mitten in einem Streit waren. Zu diesem Zeitpunkt war ich nicht allzu zufrieden mit ihm. Plötzlich befahl er: ›Gina, komm jetzt für mich.‹ Mein Verstand dachte: ›Nee, ist klar‹ und dann spürte ich, wie mein Körper zu reagieren begann. Ich begann einen Orgasmus zu haben, obwohl ich so wütend auf meinen Meister war, dass ich diese Reaktion nicht haben wollte!«

Wie ruinierst du einen Orgasmus (und warum)?

Obwohl man auch den Orgasmus einer Frau ruinieren kann, handelt es sich hier um eine Praktik, die weit überwiegend bei einem männlichen »Opfer« eingesetzt wird. Sie kann beispielsweise so funktionieren, dass du deinen Lover zum Höhepunkt bringst, indem du seinen Penis lange genug mit deiner Hand stimulierst, aber in genau dem Moment, wo dein Partner zu kommen beginnt, abrupt loslässt. Es wird zwar zu einem Samenerguss kommen, aber einem viel schwächeren als sonst. Vielleicht sickert das Sperma zum Beispiel nur aus dem Penis deines Partners, statt herausgeschossen zu werden.

Für deinen Partner ist diese Erfahrung normalerweise hochgradig frustrierend – vor allem wenn er zuvor längere Zeit von dir keusch gehalten worden ist und jetzt fest mit einem erlösenden Orgasmus gerechnet hat. Seine Prostata hat sich zwar entleert, weshalb diese Methode auch ein Ersatz für das »Melken« der Prostata sein kann, das ich dir im nächsten Kapitel erkläre. Es kam im Körper deines Partners aber nicht zur Ausschüttung der »Glückshormone« Prolaktin und Oxytocin, die normalerweise zu einem Orgasmus gehört und einem die zunächst ekstatischen und danach entspannenden Gefühle bereitet. Auf diese Weise hältst du deinen Partner also weiterhin so geil wie bisher, denn auf psychologischer Ebene hat der Orgasmus für ihn nicht wirklich stattgefunden.

Eine dominante Frau, die diese Technik bei ihrem Lover verwendet, berichtet darüber:

»In meiner College-Zeit habe ich das oft mit Jungs gemacht. Damals tat ich es eher aus Spaß als zur Orgasmuskontrolle. Es war wohl ein bisschen grausam, aber ich liebte es. […] Meinem Partner Thomas bringe ich oft immer wieder an den Rand des Orgasmus und höre auf, bevor er einen Orgasmus hat. Das mache ich 30 Minuten oder länger. Meist ist er dann schon beduselt und kann sich kaum noch beherrschen. Wenn ich mich für einen ruinierten Orgasmus entscheide, streichle ich seinen Schwanz nur leicht mit einem oder zwei Fingern. Er zuckt und wippt, während er versucht, seinen Orgasmus zurückzuhalten. Wenn ich ihm an diesem Punkt die Erlaubnis zum Orgasmus gebe, könnte ich ihn mit einem Finger streicheln und er würde abspritzen. Ich ziehe es vor, ihm zu sagen, dass er versuchen soll, nicht zu kommen. Ich genieße es, ihn mit sich kämpfen zu sehen. Irgendwann gelangt er an einen Punkt, an dem er sich nicht mehr zurückhalten kann. Es hat Zeiten gegeben,

als ich seinen Schwanz gestreichelt und ihm dann 20 oder 30 Sekunden lang beim Kampf zugesehen habe, und dann hat er abgespritzt, ohne dass ich ihn berührt habe. Das ist Kunst!«

Manche Menschen ruinieren den Orgasmus ihres Partners auch, indem sie ihn im Moment des Höhepunktes mit etwas Unangenehmem ablenken. Sie tun ihrem Partner beispielsweise auf eine Weise weh, die ihm keinen sexuellen Kick gibt, sprechen plötzlich über ein komplett unerotisches Thema, pressen Eis gegen seine Geschlechtsteile, machen Lärm, strahlen ihm blendendes Licht in die Augen, träufeln Zitronensaft in seinen Mund, zeigen ihm Fotos von Familienmitgliedern oder Schwulenpornos (vorausgesetzt er ist stramm heterosexuell), halten ihm die Nase zu oder stinkende Socken darunter. Das Grundprinzip ist hier kaum anders, als wenn man einen Menschen vom Kommen abhält, nur eben erst, wenn der Orgasmus bereits einzusetzen beginnt.

Warum haben Menschen Spaß an so etwas, obwohl man einen Orgasmus eigentlich genießen sollte? Die Gründe sind dieselben wie so oft bei der Orgasmuskontrolle: Sadismus und Masochismus, Lust an der Macht beziehungsweise daran, einem Menschen unterworfen und ausgeliefert zu sein. Manche Menschen tun das, um einen Partner zu bestrafen, der ihnen mit seinem Gebettel um einen Orgasmus auf die Nerven gegangen ist. Und nicht jeder, der sich zu dieser Praktik bereit erklärt, genießt sie. Manch einer findet sie eigentlich furchtbar, akzeptiert aber, dass sie zu seiner Rolle als unterworfener Partner gehört: eine Rolle, die er bei anderen Gelegenheiten umso mehr genießt.

Einige weitere Tipps und Vorschläge, wenn du den Orgasmus deines Partners ruinieren möchtest:

- Ein ruinierter Orgasmus ist besonders fies, wenn du zuvor alles getan hast, damit dein Lover glaubt, er dürfte jetzt endlich wieder einen echten Höhepunkt genießen.

- Auch hier könnte es klug sein, die Arme deines Partners zu fesseln und zum Beispiel am Bett festzubinden. Der Drang danach, sich einen »richtigen« Orgasmus zu verschaffen, kann so groß werden, dass dein Lover sich sonst entgegen all deiner Anordnungen nicht beherrschen kann und flott Hand anlegt, um seiner Frustration zu entkommen.

- Wenn du magst, kannst du deinem Partner danach mitteilen, du wärst auch traurig darüber, dass er sich mit seinem Verhalten keinen vollständigen Orgasmus verdient hat, aber zuversichtlich, dass er sich zukünftig mehr Mühe geben wird.

- Du kannst ihn aber auch zusätzlich demütigen, indem du ihm befiehlst, seine schwache Ejakulation mit der Hand aufzufangen und seine Finger danach sauber zu lecken.

- Auch wenn du deinen Partner nicht eigenhändig verwöhnst, sondern ihn lediglich vor dir onanieren lässt, kannst du den Befehl »Ruinier ihn!« geben. Daran, wie sehr er dir gehorcht, kannst du erkennen, wie gut seine Unterwerfung funktioniert. Versagt er dabei, möchtest du seiner Erziehung vielleicht mehr Nachdruck verleihen.

- Viele Männer reagieren vor dem eigentlichen Orgasmus mit einem sogenannten Lust- oder Freudentropfen, der aus dem Penis sickert. Mit etwas Geschick ist es möglich, einen

Mann so an der Schwelle zu halten, dass dieses Präejakulat mehr oder weniger kontinuierlich aus seinem Penis herausfließt. Auch das ist ein wenig befriedigender Orgasmusersatz.

Wie immer solltest du bedenken, dass Menschen nicht nur unterschiedlich sind, sondern gerade beim Sex an verschiedenen Tagen unterschiedlich reagieren. Du könntest bei einem dieser Spiele also alles exakt so machen wie bei einem anderen Mal, als es super funktioniert hat, und trotzdem klappt es diesmal überhaupt nicht. Mach dir deswegen keinen Knoten ins Hirn: Ihr wollt mit der Nummer ja nicht im Zirkus auftreten.

Ähnlich schwer absehbar ist es, wie es deinem Partner nach einem ruinierten Orgasmus geht. Die Wahrscheinlichkeit ist hoch, dass er jetzt erst recht aufgeheizt ist, gleichzeitig aber nichts tun kann, um sich zu erleichtern, selbst wenn du es ihm erlauben würdest, weil er seinen Penis so schnell nicht wieder steif bekommt. (Das ist die Refraktärphase, die ich vorhin schon erwähnt hatte.) Es kann aber auch sehr gut sein, dass er nach ein paar Minuten wieder einsatzbereit ist, sodass du ihm jetzt einen echten Orgasmus gönnen kannst – oder seinen nächsten genauso ruinierst wie den zuvor. Und den darauffolgenden auch. Theoretisch könntest du die ganze Nacht so weitermachen, bis aus seinem Penis gar keine Flüssigkeit mehr dringt. Aber vielleicht zeigst du vorher auch Erbarmen oder ihr habt einfach beide irgendwann genug von diesem Spiel.

Es gibt Techniken, einen Orgasmus zu ruinieren, die ich noch nicht erwähnt habe. Die eine besteht darin, dass du den Samenerguss deines Partners unterbindest, indem du seinen Penis entweder an der Wurzel oder unter der Kuppe zusammenpresst. Bei einer anderen drückst du deinen Daumen auf die Öffnung des Penis. Beide Methoden können die Ejakulation nicht völlig unterbinden, sie aber deutlich unangenehmer machen. Während des Orgasmus mit der Handfläche über den Penis zu reiben, wird mal als schmerzhaft empfunden (vor allem wenn diese Stelle besonders sensibel ist), mal geht die Sache aber auch schief, und der Orgasmus wird als besonders lustvoll wahrgenommen. Wenn du dann so tust, als ob du genau das beabsichtigt hättest, wird dir dein Partner sehr dankbar sein.

Wie massierst du die Prostata deines Partners (und warum)?

In den vorangegangenen Kapiteln hatte ich erwähnt, dass man die Prostata eines Mannes gelegentlich »abmelken« kann. Manche tun das zum Beispiel, weil sie dadurch (möglicherweise langfristig krebserregende) Giftstoffe ausspülen möchten, die sich in der Prostata abgelagert haben. Normalerweise geschieht dieses Ausspülen automatisch bei einem Samenerguss, aber genau der wird bei einer längeren Keuschhaltung ja verhindert. Auch bei einer Prostatamassage bleibt zumindest der gewohnte Samenerguss aus, weshalb dieses Erlebnis als weit weniger berauschend empfunden wird. Das »Abmelken« kann insofern auch stattfinden, um einem Mann einen unbefriedigenden Pseudo-Orgasmus zu verschaffen, ihn zu demütigen, zu entmännlichen und ihn in diesem Moment auf die Stufe eines Tieres zu rücken. Es handelt sich also auch hier um einen Akt der Unterwerfung.

Allerdings wäre es falsch zu glauben, dass dieses »Abmelken« für einen Mann lediglich mit negativen Empfindungen verbunden ist. Tatsächlich kann dieser Vorgang durchaus lustvoll sein: Manch einer gelangt durch die geschickte Reizung seiner Prostata sogar zu einem echten Höhepunkt. Das liegt daran, dass sich an der Stelle, wo die Prostata sitzt, viele Nervenenden befinden, sodass es sich ebenfalls um eine hochgradig erogene Zone handelt.

Wo liegt dieser Bereich? Tief im Hintern des Mannes – genau da musst du mit deinen Fingern hinein, wenn du deinen Partner auf diese Weise behandeln möchtest. Dazu musst du vielleicht erst mal einige Hemmungen überwinden und deinem Partner geht es womöglich nicht anders.

Angenommen, ihr habt euch darauf geeinigt, diese Technik auszuprobieren – wie gehst du dann vor? Am besten mit folgenden Schritten:

- Als Erstes besorgst du dir in einer Apotheke medizinische Handschuhe aus hauchdünnem Material. Sie sollen verhindern, dass du Krankheitserreger ins Körperinnere deines Lovers bringst. Außerdem kaufst du ausreichend Gleitmittel ein.

- Dann schneidest und feilst du deine Fingernägel so gründlich, dass nirgends mehr scharfe Kanten vorhanden sind.

- Wenn die von euch geplante Prozedur deines Partners demütigend sein soll, kannst du gezielt Formulierungen verwenden wie »So, jetzt ist es wieder Zeit, dich zu melken«. Gehört Erniedrigung nicht zu eurem Spiel, möchtest du auf solche Wörter, die deinen Partner mit einem Nutztier gleichsetzen, vielleicht lieber verzichten.

- Du bringst deinen Partner sexuell in Stimmung, damit er ein wenig entspannter ist und sich seine Prostata vergrößert. So gibt sie ein leichteres Ziel ab.

- Dein Partner nimmt eine Stellung ein, in der er es problemlos einige Zeit aushalten kann. Da die ersten Versuche mit viel Ausprobieren zu tun haben, können sie schon mal eine halbe Stunde dauern. Beispielsweise kann dein Lover mit angezogenen Knien auf dem Rücken liegen, ebenso gut auch auf der Seite.

- Jetzt streifst du dir die Handschuhe über und verteilst wirklich viel Gleitmittel darauf. Je reibungsloser dein Eingriff flutscht, desto geringer ist das Risiko, dass dein Partner ihn als unangenehm empfindet.

- So einfühlsam wie möglich massierst du nun den Hintern und den Damm deines Partners.

- Im Laufe dieser Massage beginnst du allmählich damit, deine Finger in den Hintern deines Partners zu schieben. Es ist gut möglich, dass sich dort die Muskeln erst einmal unwillkürlich anspannen, um den Fremdkörper draußen zu halten. Nimm dir Zeit und mach ganz langsam weiter. Vielleicht kannst du die Wahrnehmung deines Partners auch auf seinen Penis lenken, indem du dieses Lustorgan mit deiner freien Hand liebkost.

- Irgendwann dürfte sich dein Partner genug entspannt haben, dass du mit deinem behandschuhten Finger weiter vordringen kannst: Zentimeter für Zentimeter und immer wieder mit einem kleinen Päuschen. Dein Partner soll sich an die neuen Empfindungen gewöhnen können.

- Möglicherweise hat dein Partner jetzt das Gefühl, dringend auf die Toilette zu müssen. Das liegt an einer Sinnestäuschung, weil sein Hintern alles, was nicht dorthin gehört, als etwas wahrnimmt, das er nach draußen schieben muss. Gib deinem Partner ein paar Minuten Zeit, und dieses Gefühl sollte sich legen.

- Irgendwann dürftest du die Prostata ertasten können: ein festes und pralles Organ. Jetzt kannst du mit der Massage beginnen: zum Beispiel mit leichten Abwärtsbewegungen oder indem du deine Finger kreisen oder vibrieren lässt. Achte dabei immer auf die Rückmeldungen deines Partners, wie es ihm dabei geht. Schließlich dürfte sein Penis zu sprudeln beginnen.

Einige weitere Tipps und Hinweise:

- Wenn du nicht mit deinem Finger tief in den Hintern deines Partners vordringen möchtest, kannst du auch einen Vibrator wie den Aneros oder den Rude Boy verwenden – Modelle, die speziell zur Manipulation der Prostata entwickelt wurden.

- Um durch die geschilderte Stimulation der Prostata tatsächlich Spermafluss zu erzielen, ist in der Regel eine vorangegangene Keuschhaltung von mindestens einer Woche notwendig.

- Wer das Vergnügen, das sein Partner beim Abmelken der Prostata spürt, senken möchte, kann um dessen Penis und Hoden Eisbeutel platzieren.

- Auch beim Melken der Prostata kannst du die Praktiken von Teasing and Denial sowie dem ruinierten Orgasmus anwenden, die ich in den vorangegangenen Kapiteln erklärt habe – indem du deinen Finger zurückziehst, sobald du spürst, dass der Körper deines Partners unter dir zu zucken und zu pulsieren beginnt.

Was versteht man unter Cuckolding/ Cuckqueaning und wie gehst du dabei vor?

Was man unter sogenanntem »Cuckolding« versteht, erkläre ich bereits ausführlich in meinem Ratgeber »Femdom« und ich möchte nicht dieselben Inhalte in verschiedenen Ratgebern wiederholen. Allerdings wäre es auch falsch, diese Praktik hier zu übergehen, denn erstens gehört sie für viele Menschen wesentlich zur Keuschhaltung dazu und zweitens findet man sie auch in Beziehungen, in denen die Frau der unterwürfige Partner ist – nur dass man dann vom »Cuckqueaning« spricht. Deshalb möchte ich auch hier wenigstens kurz darauf zu sprechen kommen.

Im Zusammenhang mit Keuschhaltung bedeutet »Cuckolding« beziehungsweise »Cuckqueaning«, dass der Partner der für längere Zeit sexuell außer Gefecht gesetzten Person sich einen Ersatz-Lover fürs Bett heranzieht. Es kommt also sozusagen zu einer Form von Arbeitsteilung: Der keusch Gehaltene ist nur noch für Dinge wie Hausarbeiten und/oder finanzielle Versorgung zuständig, der Nebenbuhler wiederum darf dessen Partner in den Laken befriedigen, weil der keusch Gehaltene dazu nicht mehr in der Lage ist.

Auch hierbei handelt es sich offenkundig um ein Spiel mit Macht und Demütigung. Entsprechend wichtig ist es, vorher gemeinsam die Regeln festzulegen, um ernsthafte seelische Verletzungen zu vermeiden: Hat der keusch Gehaltene zum Beispiel ein Vetorecht, was die Wahl der dritten Person angeht? Soll beziehungsweise darf er zugange sein, wenn die anderen beiden es miteinander treiben? Sind ihm bestimmte Tabus oder Bedingungen bei dieser Dreier-Beziehung wichtig? Wie weit darf sich die dritte Person an den Aktionen im Zusammenhang mit Keuschhaltung und Erniedrigung beteiligen? Rückt er oder sie vielleicht gar in die Rolle eines zweiten Herrn oder einer zweiten Herrin vor, der der keusch gehaltenen Person ebenfalls Anweisungen und Arbeitsaufträge geben darf? Wie würdet ihr reagieren, wenn Außenstehende von dieser Beziehungsform erfahren? Wie wollt ihr euch vor der Übertragung einer Geschlechtskrankheit oder vor einer Schwangerschaft schützen? Sprecht so konkret wie möglich darüber, wie eure jeweiligen Vorstellungen aussehen, inwieweit ihr sie in Einklang miteinander bringen könnt und welche Ängste und Sorgen bei euch bestehen, statt unbedacht in diese emotional sehr fordernde Form von Partnerschaft hineinzustolpern.

Wenn ihr euch auf ein entsprechendes Arrangement einlasst, gibt es eine ganze Palette von emotional sehr intensiven Aktionen. Ich gehe aus Zwecken der sprachlichen Vereinfachung bei den folgenden Beispielen von einem keusch gehaltenen Mann, dessen Partnerin und ihrem männlichen Liebhaber aus, auch wenn andere Geschlechterkombinationen ebenso gut vorstellbar sind. Denkbare Szenarios sähen dann so aus:

- Sie verlangt, dass er auf dem Boden neben dem Bett schläft, wenn ihr Liebhaber dort die Nacht verbringt.

- Er muss ihren Geliebten nackt und auf den Knien an der Tür begrüßen.

- Er muss ihr ein aufreizendes Kleid, Höschen, BH und High Heels anlegen, während sie sich für ein Date mit ihrem Liebhaber vorbereitet.

- Sie schickt ihn los, Kondome zu kaufen, während sie und ihr Liebhaber schon auf der Couch miteinander rummachen.

- Sie lässt ihn beim Besuch eines Clubs in seinem Keuschheitskäfig an der Bar stehen, während sie mit anderen Männern auf der Tanzfläche flirtet und Körperkontakt aufnimmt.

- Sie diktiert ihm eine Liste von Hausarbeiten, die er erledigen soll, während sie schon mit ihrem Liebhaber im Bett liegt.

- Sie fordert ihn auf, sie sexuell in Stimmung zu bringen, um so den Verkehr mit ihrem Liebhaber vorzubereiten.

- Sie ordnet an, ihren Liebhaber in vollem Make-up, Dessous und High Heels sexuell zu befriedigen, wenn sie nicht in der Stimmung für Sex ist.

- Sie lässt zukünftig ihren Liebhaber entscheiden, wann ihr fester Partner einen Orgasmus erlaubt bekommt.

Damit gelangt dieser kleine Ratgeber über die Welt der Keuschhaltung und Orgasmuskontrolle an sein Ende. Wie du gesehen hast, gibt es in dieser Welt eine große Bandbreite von einfachen Teasing-and-Denial-Spielen bis hin zu emotional sehr fordernden Aktionen im Zusammenhang mit Erniedrigung und Unterwerfung. Wie immer hast du die freie Wahl, herauszupicken, was du davon erleben möchtest – wenn du einen Partner findest, der genauso mit dem Herzen dabei ist wie du.

Leseprobe: Arne Hoffmann Der persönliche Diener

Ich glaube, ich war verknallt in Fabienne, seit ich sie zum ersten Mal gesehen habe – noch bevor wir ein Wort miteinander gewechselt hatten. Und das taten wir auch in den nächsten Wochen nicht. Stattdessen himmelte ich sie in den Seminaren, die wir gemeinsam besuchten, aus der Ferne an. Sie sah absolut heiß aus, besaß einen traumhaften Körper, ein wunderschönes Gesicht und bewegte sich mit dem natürlichen Selbstbewusstsein und dem Stolz einer Frau, die das alles wusste und von Männern auf Händen getragen wurde. Alles in allem war es also wohl kein Wunder, dass mir so lange die Nerven fehlten, sie einfach anzusprechen.

Dann aber kam mir der Zufall zu Hilfe. Um mich auf ein Referat vorzubereiten, war ich lange in meiner Fachbereichsbibliothek gewesen. Als ich um kurz vor acht aus dem Gebäude trat, herrschte draußen bereits das Zwielicht des Abends. Der Platz vor dem

Eingang war inzwischen fast menschenleer. Bis auf eine Ausnahme: Nur ein paar Meter entfernt sah ich ausgerechnet Fabienne auf einer Bank sitzen.

Ich nahm all meinen Mut zusammen und ging auf sie zu.

Sie wirkte überrascht. Schließlich kannte sie mich, wenn sie mich überhaupt je bewusst wahrgenommen hatte, nur vom Sehen.

»Hallo«, begrüßte ich sie. Als Einstieg war das keine Katastrophe, aber bei diesem einen Wort sollte es nicht bleiben. Fieberhaft suchte ich nach einer Bemerkung, die passend sein könnte.

»Hallo«, erwiderte Fabienne und sah mich fragend an.

»Wir haben ein Seminar zusammen«, schob ich nach. »Bei Professor Stein.«

»Tatsächlich?«

»Ja. Ich … äh … ich hab dich da schon öfter gesehen.«

Fabienne zog amüsiert eine Braue in die Höhe. »Hast du das?«

»Ja, und ich … äh … Du gefällst mir sehr gut.«

»Danke.« Sie blieb kühl und sah mich abwartend an.

Einerseits war mir klar, dass ich mich gerade ziemlich idiotisch anstellte. Andererseits machte Fabienne es mir nicht gerade leicht.

»Ja, und da dachte ich mir, vielleicht können wir ja mal für die nächste Klausur zusammen lernen … oder mal einen Kaffee zusammen trinken … Ich meine, mir ist klar, dass du bestimmt von allen möglichen Männern solche Angebote bekommst und ich sicher nicht der tollste davon bin, aber …«

»Stopp«, sagte Fabienne und machte den Eindruck, als müsste sie sich ziemlich zusammennehmen, um nicht loszulachen. »Ehrlich gesagt, glaube ich, je mehr ich dich weiterreden lasse, desto katastrophaler wird es.«

»Äh …«

»Ja, genau. Das meine ich. Mir ist klar, dass du bestimmt noch nicht viele fremde Frauen angesprochen hast, um sie näher kennenzulernen. Bei mir hast du das trotzdem getan. Ich muss zugeben, das ist schmeichelhaft.«

»Schön … schön, wenn du es so siehst.« Inzwischen war ich stark ins Schwitzen gekommen.

Sie überlegte. »Weißt du«, sagte sie dann, »ich bin noch auf der Suche nach einem Mann, der mir richtig gut gefällt, und bis ich den gefunden habe, kann ich auch mit dir ein bisschen Spaß haben. Allerdings müsstest du dich dazu bereit erklären, mir absolut und in jeder Hinsicht zur Verfügung zu stehen. Wenn ich dir sage, du sollst mir einen Kaffee holen, dann tust du das sofort und ohne zu zögern. Wenn ich möchte, dass du mir ein paar Kopien anfertigst, bist du schon auf dem Weg. Glaubst du, das kriegst du hin?«

»Uff! Also … das ist nicht ganz das, was ich mir vorgestellt hatte …« Unfassbarerweise merkte ich, dass sich in dem Moment, in dem Fabienne mir ihre Wünsche in diesem absurd selbstverständlichen Tonfall mitteilte, mein Schwanz spürbar zu versteifen begann. Lag das nur daran, dass sie sich überhaupt mit mir unterhielt, lag es an meiner Hoffnung, dass aus uns doch etwas werden könnte, oder erregte mich tatsächlich die Vorstellung, ihr persönlicher Diener zu sein?

»Sorry, du hast keine wirklich gute Verhandlungsposition. Ich habe keine Lust, dass uns irgendjemand für ein Pärchen hält und sich die Leute den Kopf darüber zerbrechen, was ich an dir finde. Deshalb wirst du in der Öffentlichkeit einen Mindestabstand zu mir beibehalten. Auch wenn ich dich herumkommandiere.«

»Aber … dann mache ich mich vor allen anderen zum Depp!«

»Das machst du früher oder später sowieso.«

Ich war schon halb dabei, mich umzudrehen und zu gehen. Fabienne mochte superheiß sein, aber dieser verächtliche Tonfall, den sie mir gegenüber anschlug … zugegeben, er machte mich schon ein bisschen scharf, aber eigentlich war mir das alles doch zu heftig. »Sorry …« begann ich deshalb.

»Was sexuelle Spiele angeht, wird man sehen.«

Jetzt war mein Interesse doch wieder geweckt. Sexuelle Spiele?! Mit diesem Mädchen? Das sollte mir die ein oder andere Dienstleistung wert sein. Ich kannte etliche Männer, die mit ihrer Freundin letzten Endes anscheinend genau denselben Deal ausgehandelt hatten, nur unausgesprochen, als eine Art stillschweigende Vereinbarung. Bau uns ein Haus und ich lass dich mich ficken.

»Sexuelle Spiele?«, fragte ich daher.

»Ganz ruhig, Brauner. Nicht das, was du dir schon wieder vorstellst. Weißt du, was ein Keuschheitsgürtel ist?«

»Hatte man so was nicht im Mittelalter?«

Fabienne lachte. »Oh, ich glaube, ich werde dir eine Welt zeigen, die vollkommen neu für dich ist.«

Ich rang mir trotz meiner Aufgeregtheit ein Lächeln ab. »Das … das hört sich vielversprechend an.«

»Wunderbar. Dann geh auf die Knie und bell wie

ein Hund.«

»Was soll ich?« Fast glaubte ich, mich verhört zu haben.

»Du hast mich schon verstanden. Wenn du das nicht hinbekommst, weiß ich, dass ich mit dir keine Zeit verschwenden sollte. Momentan ist weit und breit kein anderer Mensch in der Nähe. Also?«

In was für einer unglaublichen Situation war ich da gelandet! Niemals hätte ich auch nur in meinen wildesten Träumen geahnt, dass mein Gespräch mit Fabienne eine solche Entwicklung nehmen würde. Aber jetzt tatsächlich vor ihr auf die Knie gehen und …

»Ich weiß nicht, ob ich das schaffe«, gab ich zu.

»Ich warte. Aber nicht allzu lang.«

Endlich gab ich nach und ließ mich auf die Knie sinken. Und während ich Fabienne anstarrte, begann ich zu bellen. Erst zaghaft und leise, dann, als sie eine ungeduldige Geste machte, immer lauter.

Sie lachte. »Sieht so aus, als könnte aus uns beiden doch noch was werden.«

***

Wenige Tage später hielt ich zum ersten Mal einen modernen Keuschheitsgürtel in den Händen. Wie ich mittlerweile erfahren hatte, gab es eine regelrechte

Szene, die sich solche Accessoires herstellen ließ, um damit dem Partner dessen Orgasmus über lange Zeit hinweg verweigern zu können.

»Ich habe mir die Dinger immer aus Metall vorgestellt«, murmelte ich, während ich das unförmige Plastikobjekt in meinen Händen skeptisch betrachtete. Wir befanden uns in Fabiennes Zimmer in einem der Studentenwohnheime auf unserem Campus.

»Oh, es gibt auch welche aus Metall«, erklärte mir Fabienne, die sich mit solchen Dingen beängstigend gut auszukennen schien. »Sogar aus solidem Edelstahl. Aber ich wollte dich nicht gleich so viel Geld dafür bezahlen lassen, solange keiner von uns beiden sich sicher ist, dass du es länger als nur ein paar Tage durchhältst. Wann hattest du deinen letzten Orgasmus?«

Ich sah sie irritiert an. Diese Frage war schon sehr direkt. »Heute Morgen, bevor ich losgefahren bin.« Irgendwie machte es mich an, selbst bei solchen heiklen Dingen ehrlich zu ihr zu sein.

Fabienne lächelte. »Wichst du jeden Morgen? Dann wird dir diese lieb gewonnene Gewohnheit bald fehlen.«

»Ich werde damit schon klarkommen«, murmelte ich unsicher.

»Wir werden sehen. Probier mal an.«

Ich gehorchte. Mein Schwanz landete in einem kleinen Plastikköcher, der gerade groß genug war, um ihn aufzunehmen. Es war ein bisschen unangenehm, dass er an mehreren Stellen mit dem Plastik in Kontakt kam. »Er ist ein bisschen eng«, murmelte ich.

»Das schadet nichts, das ist sogar ganz gut so«, erwiderte Fabienne. »So merkst du schon, wenn sich dein Schwänzchen auch nur ein wenig zu versteifen beginnt, dass ihm das nicht mehr gestattet ist. Die Maße, die du mir gegeben hast, waren goldrichtig.«

»Na, ich weiß nicht«, murmelte ich.

Sie griff nach dem Schlüssel, der mit dem Gürtel geliefert wurde, steckte ihn in das dafür vorgesehene Schloss und ließ es mit zwei Umdrehungen des Schlüssels einrasten. »Sitzt wie angegossen«, stellte sie zufrieden fest.

»Was passiert mit dem Schlüssel?« fragte ich.

»Der bleibt hier. Ich lasse mir eine kleine Goldkette dafür anfertigen, mit der ich ihn um meinen Hals tragen kann.«

***

Weiterlesen kostenlos ...

Um diese heiße Story (16 Seiten) von Arne Hoffmann weiter zu lesen, füllen Sie einfach die beiliegende Postkarte aus oder geben Sie folgenden Code

AH11TBBCTY

im Internet auf www.lebe.jetzt ein.

Verwendete Literatur

Die folgenden Texte habe ich zurate gezogen, um dieses Buch zu schreiben. Dabei habe ich auf Fußnoten verzichtet, damit dieser Ratgeber nicht wie eine wissenschaftliche Arbeit aussieht und weil oft viele verschiedene Quellen dieselben Informationen enthalten. Oft verrät aber schon der Titel der hier aufgeführten Quelle, für welche Passage dieses Buches sie eine der Grundlagen war. Passagen, bei denen ich mich besonders eng an eine bestimmte Quelle gehalten habe, sind speziell ausgewiesen.

- Aarkey: FAQ, Links & Glossary of Terms. For beginner male chastity device wearers. Online unter: http://www.aarkey.info/chas/cb-faq.html.
- Adriana: 9 Orgasm Denial Games for Testing Your Limits and Driving Yourself Wild. Online unter: https://badgirlsbible.com/orgasm-denial.
- Boy Denon: Chastity for Abstinence Chastity for Sexual Charge. Online unter: https://www.devianceanddesire.com/2016/09/thrills-and-reasons-to-chastity.
- Boy Denon: Chastity – Sexy Games for Solo Players. Online unter: https://www.devianceanddesire.com/2014/12/chastity-sexy-games-solo-players.
- Boy Denon: Choosing the Right Male Chastity Device. Online unter: https://www.devianceanddesire.com/2014/12/choosing-right-male-chastity-device.
- Braverman, Erica: Edging: Take Your Orgasm to the Next Level. Online unter: https://www.kinkly.com/2/14011/sex-tips/edging-take-your-orgasm-to-the-next-level.
- Bucher, Jürg und Sabine: Keuschheit für Männer: Das Handbuch. Indenpendently published 2017.
- Cara Sutra: Forced Orgasms: Orgasmic Consensual Non-Consent. Online unter: http://carasutra.com/2014/03/forced-orgasms-consensual-non-consent.
- Cara Sutra: What I Get Out Of Locking A Man In A Chastity Cage. Online unter:

https://carasutra.com/2015/02/locking-man-chastity-cage.

- Cuffsmaster: Orgasm Control & Release Training. Online unter: http://bestslavetraining.com/training-techniques/orgasm-control.
- Fairbourne, Lucy: Die Keuschhaltung des Manns. Velluminous Press 2013.
- Femdom Curator: Unsatisfying Orgasms (Male Slave Training & Mind Control). Online unter: https://www.femaleledrelationships.net/flr-sexual-manipulation/unsatisfying-orgasms-male-slave-training-mind-control.
- Gina: Orgasm Control/Release Training. Online unter: http://www.bcwsd.com/backroom/smack/smack024.html.
- Girl on the Net: How to dominate a man – sexy ideas from an eager amateur. Online unter: https://www.girlonthenet.com/2014/08/03/how-to-dominate-a-man.
- Girl on the Net: Orgasm control – the hot and the not. Online unter: https://www.girlonthenet.com/2015/02/22/orgasm-control-the-hot-and-the-not.
- Godson, Suzi: Das Buch vom Sex. Rogner & Bernhard 2003.
- Green, Georgia Ivey: A KeyHolder's Handbook. Create Space 2013.
- Green, Georgia Ivey: The Ultimate Guide to Tease & Denial. Create Space 2015.
- Green, Georgia Ivey: Tips & Tricks For KeyHolders. Create Space 2014.
- Harris, Stella: Why Edging and Orgasm Control Make for Great Long-Distance Play. Online unter: https://www.kinkly.com/why-edging-and-orgasm-control-make-for-great-long-distance-play/2/16980.
- Hoffmann, Arne: 50 einfache Dinge, die Männer über Sex wissen sollten. Westend 2011.
- Hoffmann, Arne: Femdom. lebe.jetzt 2020.
- Hoffmann, Arne: Sex für Fortgeschrittene. Marterpfahl 2006.
- Hoffmann, Arne: SM-Lexikon. Passion Publishing 2010.
- Jameson, Sarah: Tease & Denial. Ohne Verlagsangabe 2012.
- Jon the Nudist: Beginner's Guide to Male Chastity. Online unter: https://blog.youonlywetter.co.uk/2016/03/27/beginners-guide-male-chastity.
- Kane, Miranda: A beginner's guide to orgasm control for men by a former dominatrix. Online unter: https://metro.co.uk/2017/12/06/a-beginners-guide-to-orgasm-control-for-men-by-a-former-dominatrix-7124393.
- Kliffberger, Susanne: Keuschhaltung. Ohne Verlag und Jahr.
- Lady Sas: Keuschheitsgürtel Training. Create Space 2017.

- Lazy Domme: Horny Sub, Happy Sub. Online unter: http://lazydomme.blogspot.com/2011/04/horny-sub-happy-sub.html.
- Lazy Domme: Ruined Orgasms. Online unter: http://lazydomme.blogspot.com/2012/09/ruined-orgasms.html.
- Lords, Kayla: Kaboom: Why I Love Edged Orgasms. Online unter: https://www.kinkly.com/kaboom-why-i-love-edged-orgasms/2/14321.
- Lords, Kayla: Try These Kinky Forced Orgasm Scenarios. Online unter: https://www.kinkly.com/2/14152/sex-tips/bdsm/try-these-kinky-forced-orgasm-scenarios.
- LunaKM: Initial Steps Into Orgasm on Command Training. Online unter: https://www.submissiveguide.com/fundamentals/articles/initial-steps-into-orgasm-on-command-training.
- LunaKM: Orgasm on Command Training – The Process for the Submissive. Online unter: https://www.submissiveguide.com/fundamentals/articles/orgasm-on-command-training-the-process-for-the-submissive.
- LunaKM: Orgasm on Command Training – Ultimate Goals and Variations. Online unter. https://www.submissiveguide.com/fundamentals/articles/orgasm-on-command-training-ultimate-goals-and-variations.
- Luvr: The »Ruined« Orgasm. Online unter: https://cuckoldmarriage.info/the-ruined-orgasm-2.
- Marin, Vanessa: How To Try Orgasm Control & Edging For The First Time With A Partner. Online unter: https://www.bustle.com/articles/198817-how-to-try-orgasm-control-edging-for-the-first-time-with-a-partner.
- Master Bishop: How to Enforce Chastity Rules. Online unter: https://bdsmtrainingacademy.com/how-to-enforce-chastity-rules.
- Master Bishop: Orgasm Denial Games and Training Ideas. Online unter: https://bdsmtrainingacademy.com/orgasm-denial-games-and-training-ideas.
- Master Bishop: Train Your Body To Orgasm On Command. Online unter: https://bdsmtrainingacademy.com/train-your-body-to-orgasm-on-command.
- Mastermarc: Edging and Orgasm Control. Online unter: https://www.devianceanddesire.com/2015/09/edging-and-orgasm-control.
- Mastermarc: Orgasm Control, Teasing and Denial Can Set Your Long Distance Relationship On Fire. Online unter: https://www.devianceanddesire.com/2018/03/orgasm-control-teasing-and-denial-can-set-your-long-distance-relationship-on-fire.
- Masters, Emily: How do we ensure male chastity stays interesting? Online unter: http://brassiered.com/tamingthecagedbeast/interest.html.
- Masters, Emily: What are the realities of longer term chastity? Online unter: http://brassiered.com/tamingthecagedbeast/reality.html.

- Maurer, Harry: Göttlicher Sex. Goldmann 1996.
- Megatron, Sunny: Orgasm Denial?!! It's More Fun Than You Might Think. Online unter: https://www.kinkly.com/2/1165/sex-tips/bdsm/orgasm-denial-its-more-fun-than-you-might-think.
- Metman, Lara: Female edging techniques – Intensify your orgasms. Online unter: https://www.kiiroo.com/blogs/articles/female-edging-techniques.
- Miss Bonnie: Orgasm Denial. Online unter: http://collarncuffs.com/resources/doku.php?id=sexual_denial.
- Mistress Benay: Male Chastity. Create Space 2015.
- Mistress Dede: The Ultimate Woman's Guide to Male Chastity. Ohne Verlagsangabe 2014.
- Mistress Kay: 5 Games for Teasing Your Partner in Chastity. Online unter: https://www.kinkly.com/5-games-for-teasing-your-partner-in-chastity/2/14597.
- Mistress Kay: Erotic Torture: 10 Tips for Choosing a Chastity Device. Online unter: https://www.kinkly.com/erotic-torture-10-tips-for-choosing-a-chastity-device/2/14596.
- Mistress Lorelei Powers: The Mistress Manual. Greenery Press 2000.
- Mistress Sophia & Master Bishop: Orgasm Control Training: They Can't Resist. Online unter: https://bdsmtrainingacademy.com/orgasm-control-training-they-cant-resist.
- Mrs. Darling: The Benefits of Orgasm Control and How to Get Started. Online unter: https://www.submissiveguide.com/fundamentals/articles/the-benefits-of-orgasm-control-and-how-to-get-started.
- Murphy, Caitlin: Life on the Edge: Edging and Why You Deserve It. Online unter: https://www.kinkly.com/2/8697/sex-tips/passion-play/life-on-the-edge-edging-and-why-you-deserve-it.
- Mz Kaylee: Demanding Him To Cum. Online unter: http://femdomthinktank.blogspot.com/2017/12/commanding-him-to-cum.html.
- Mz Kaylee: Tapping Into His Submissive Mind – Orgasm Control. Online unter: http://femdomthinktank.blogspot.com/2016/06/tapping-into-his-submissive-mind-orgasm.html.
- Mz Kaylee: The Art of The Ruined Orgasm. Online unter: http://femdomthinktank.blogspot.com/2014/10/the-art-of-ruined-orgasm.html.
- Nancy: Tease & Denial – Du kommst, wenn ich es sage! Online unter: https://www.steeltoyz.de/inspiration/bdsm/wissen/tease-denial-du-kommst-wenn-ich-es-sage.
- N.N.: Becoming a Chastity Keyholder – A Guide. Online unter: https://lockthecock.com/blogs/chastity-fun/keyholder-guide.

- N.N.: Beginner's Guide to Male Chastity. Online unter: https://www.uberkinky.co.uk/essential-guides/chastity-guides/beginners-guide-to-male-chastity.html.
- N.N.: Chastity Games. Online unter: https://www.utopiastories.com/code/show_article.asp/recid/11932.
- N.N.: Cuckold Chastity – The Journey From Chastity To Cuckold. Online unter: http://malechastitylifestyle.net/from-chastity-to-cuckold.
- N.N.: Male Chastity Games: Welcome to the LTC Carnival. Online unter: https://lockthecock.com/blogs/chastity-fun/chastity-games.
- N.N.: Is 24/7 Chastity Realistic? Online unter: http://www.chastity101.com/faq.
- N.N.: Is Using a Male Chastity Device Necessary? Online unter: http://malechastitylifestyle.net/is-using-a-male-chastity-device-necessary.
- N.N.: Keuschhaltung. Online unter: https://www.kgforum.de/keuschhaltung.
- N.N.: Male Chastity Training Tips for The Female Keyholder. Online unter: http://malechastitylifestyle.net/male-chastity-training-tips-for-the-female-keyholder.
- N.N.: My Favourite Kink: 3 Reasons I Love Orgasm Control. Online unter: https://coffeeandkink.me/2017/10/19/orgasm-control.
- N.N.: Tease and Denial Equal Male Devotion. Online unter: http://malechastitylifestyle.net/tease-and-denial-equal-male-devotion.
- N.N.: Teasing and (Sometimes) Pleasing: Ideas for Chastity Play. Online unter: https://lockthecock.com/blogs/chastity-fun/male-chastity-play.
- N.N.: The Chastity/Denial Matrix. Online unter: https://vanillaedge.wordpress.com.
- N.N.: The Thinking Woman's Guide to a Fun and Exciting Male Chastity Lifestyle. Online unter: http://malechastitylifestyle.net/the-thinking-womans-guide-to-a-fun-and-exciting-male-chastity-lifestyle.
- N.N.: What Is a Ruined Orgasm? Online unter: https://lockthecock.com/blogs/chastity-fun/what-is-a-ruined-orgasm.
- Peck, Susan and David; Crawford, Michael and Jane: Tease Zone. Ohne Verlagsangabe 2012.
- Pressick, Jon: 9 Tips for Playing Along the Edge of Orgasm. Online unter: https://www.kinkly.com/2/14129/sex-tips/9-tips-for-playing-along-the-edge-of-orgasm.
- Pullen, Andrew: Beginners Chastity Guide. Online unter: https://adultsmart.com.au/blog/chastity-guide.
- Rika: Using A Male Chastity Device. Online unter: http://www.tiedmoments.com/submission/chastity.htm.

- Robyn: 7 Chastity Belt Basics – Beginner's Guide for the Curious. Online unter: https://de.lovense.com/bdsm-blog/chastity-belts.
- Robyn: Female Chastity Belts – Big Guide for the Kinky and Curious. Online unter: https://de.lovense.com/bdsm-blog/female-chastity-belts.
- Robyn: The Massive Guide to Male Chastity Cages – Learn to Lock the Cock. Online unter: https://de.lovense.com/bdsm-blog/chastity-cage.
- Sutton, Elise: Enforced Male Chastity: Questions about Orgasm Denial. Online unter: http://elisesutton.homestead.com/orgasmdenial.html.
- Taormino, Tristan: 50 Shades of Kink. Cleis Press 2014.
- Wikipedia: diverse Einträge.
- Wipipedia: diverse Einträge.
- Zandrock: BDSM 101-- Orgasm Denial. Online unter: https://www.edenfantasys.com/sexis/advice/bdsm-101-orgasm-denial/?pnid=71734263.
- Zandrock: BDSM 101-- Chastity. Online unter: https://www.edenfantasys.com/sexis/sex-and-relationships/bdsm-101-chastity/?pnid=71800058.
- Zenn, Saskia: Chastity Play. Online unter: http://www.tickleberry.co.uk/male-chastity/play.
- Zenn, Saskia: He Wants You to Lock Him Up! Online unter: http://www.tickleberry.co.uk/male-chastity/lock-him-up.
- Zenn, Saskia: Male Chastity – Why It Works. Online unter: http://www.tickleberry.co.uk/male-chastity.

Zitate

- 1. Maurer, Harry: Göttlicher Sex. Goldmann 1996, S. 331.
- 2. Vgl. Mz Kaylee: Tapping Into His Submissive Mind – Orgasm Control. Online unter:
- http://femdomthinktank.blogspot.com/2016/06/tapping-into-his-submissive-mind-orgasm.html.
- 3. Vgl. Hoffmann, Arne: Sex für Fortgeschrittene. Marterpfahl 2006, S. 117.
- 4. Hoffmann, Arne: Sex für Fortgeschrittene. Marterpfahl 2006, S. 129.
- 5. Vgl. Princess Kali: Enough to Make You Blush, Erotication 2015, S. 128.
- 6. Vgl. Lazy Domme: Horny Sub, Happy Sub. Online unter: http://lazydomme.blogspot.com/2011/04/horny-sub-happy-sub.html.

- 7. Vgl. diverse anonyme Autoren: Hot Things Your Keyholder Once Said. Online unter https://www.chastityforums.com/viewtopic.php?f=2&t=60175.
- 8. Bucher, Jürg und Sabine: Keuschheit für Männer, S. 54.
- 9. Vgl. Bucher, Jürg und Sabine: Keuschheit für Männer, S. 54.
- 10. Vgl. Bucher, Jürg und Sabine: Keuschheit für Männer, S. 55.
- 11. Vgl. Bucher, Jürg und Sabine: Keuschheit für Männer, S. 55.
- 12. Vgl. Princess Kali: Enough to Make You Blush, Erotication 2015, S. 125–126.
- 13. Vgl. Cara Sutra: What I Get Out Of Locking A Man In A Chastity Cage. Online unter: https://carasutra.com/2015/02/locking-man-chastity-cage.
- 14. Vgl. Mistress Lorelei: The Mistress Manual. Greenery Press 2000, S. 99.
- 15. Vgl. Princess Kali: Enough to Make You Blush, Erotication 2015, S. 119.
- 16. gl. Gina: Orgasm Control/Release Training. Online unter: http://www.bcwsd.com/backroom/smack/smack024.html.
- 17. Vgl. Mz Kaylee: The Art of The Ruined Orgasm. Online unter: http://femdomthinktank.blogspot.com/2014/10/the-art-of-ruined-orgasm.html.
- 18. Vgl. zu den angeführten Szenarien N.N.: Cuckold Chastity – The Journey From Chastity To Cuckold. Online unter: http://malechastitylifestyle.net/from-chastity-to-cuckold.

Exklusiv & kostenlos für unsere Buchkäufer:

»Der persönliche Diener«
Die erotische Kurzgeschichte & iPad-Gewinnspiel

Kostenlos per Post:

Der persönliche Diener
Arne Hoffmann

Erotische Kurzgeschichte

16 Seiten

Die Internet-Story zu dem Buch:
»Keuschhaltung und Orgasmuskontrolle«

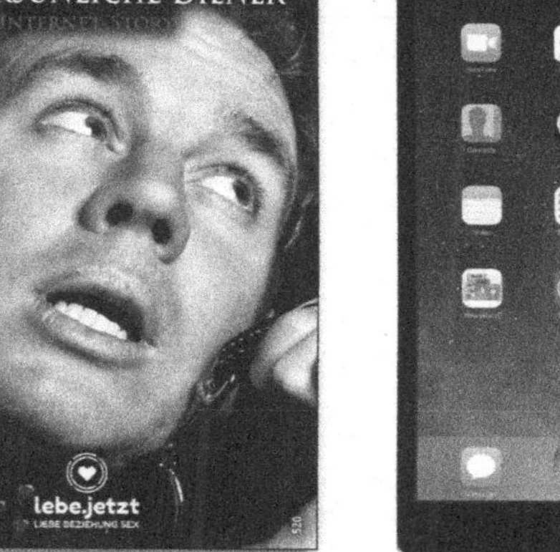

Die Verlosung erfolgt jeden ersten Freitag im Quartal (Datum des Poststempels). Gewinner werden schriftlich benachrichtigt.
Mitarbeiter von blue panther books und deren Angehörige dürfen nicht teilnehmen! Der Rechtsweg ist ausgeschlossen!

- ☐ Ja, ich möchte am iPad-Gewinnspiel teilnehmen.
- ☐ Bitte schicken Sie mir die kostenlose Internet-Story »Der persönliche Diener« ausgedruckt per Post an meine folgende Adresse.

☐ Herr ☐ Frau

Name, Vorname

Straße, Hausnummer

PLZ, Ort

Land

Geburtsdatum

E-Mail (für aktuelle Informationen)

Wie haben Sie von diesem Buch erfahren?

Wo haben Sie dieses Buch gekauft?

Infos zur Datenverarbeitung unter: blue-panther-books.de/de/datenschutz.html

Arne Hoffmann - Keuschhaltung und Orgasmuskontrolle | 2. Auflage | AH11 | 520

Bitte freimachen falls Marke zur Hand

Antwort

blue panther books
Osterfeldstr. 12-14 | Haus 1 | Nord
22529 Hamburg
Deutschland / Germany